Hans Gerlach

KOCHEN
FAST OHNE REZEPT

Mosaik bei
GOLDMANN

Hans Gerlach

KOCHEN FAST OHNE REZEPT

Mosaik bei
GOLDMANN

INHALT

Bedienungsanleitung

• Es geht mir um Freiheit in der Küche. Wenn ich Ihnen ein Prinzip des Kochens genau erkläre, können Sie es in Zukunft anwenden und sind dann weniger abhängig von (ungenau erklärten) Rezepttexten in anderen Kochbüchern.

• Die Rezepte funktionieren natürlich sehr gut, wenn Sie sie genau befolgen. Sie sind aber offen gedacht, als Anregungen und Beispiele zu den jeweiligen Texten – ändern Sie die Rezepte, entwickeln Sie sie weiter. Lassen Sie Sardellen weg, wenn Sie keine mögen, und ersetzen Sie mein Lieblingskraut – die Zitronenverbene – vielleicht durch Ihr eigenes Lieblingskraut.

• Alles fürs Gelingen Wichtige steht in meinen Rezepten. Ob Sie Ihre Kräuter waschen oder nicht, können Sie gerne selber entscheiden.

• Alle Rezepte sind für 4 Personen berechnet, es sei denn, es ist anders angegeben.

Frei, endlich frei!

Wenn Sie auch zu denjenigen gehören, die sich freiwillig versklavt haben, weil sie mit geradezu hündischer Ergebenheit Rezepte so exakt wie möglich nachkochen, dann sind Sie damit in guter Gesellschaft, nämlich zum Beispiel in der meinen. Ich bin auch so einer. Ein Leibeigener der Profiköche. Ein Knecht der Zutatenliste. Ein Hiwi des guten Geschmacks. Seit Jahren koche ich gerne, aber meine Kochkunst ist in etwa so schöpferisch wie »Malen nach Zahlen«. Stets ein Auge auf das Kochbuch, wiege, schnippel und brate ich, immer auch von der Furcht getrieben, einmal dem Schöpfer des Rezeptes gegenüberzustehen und Rechenschaft darüber ablegen zu müssen, dass ich den Lauch nicht richtig geputzt habe und das Ei schon trennte, als doch noch der Fond abgegossen werden musste. Ich bin ein Küchenfeigling, einer dem zur Revolution am Herd einfach der Mut fehlt. Und zwar vor allem, weil ich nicht weiß, was ich mit einer Freiheit ohne Rezept überhaupt anfangen könnte.

Geht Ihnen auch so? Sehr gut, dann hat sich für Sie die Investition in dieses Buch schon gelohnt. Wir beide, Sie und ich, begeben uns nun unter die Fittiche von Hans Gerlach, um nach der Lektüre dieses Buches endlich frei zu sein. Freiheit ist bekanntlich das höchste Gut, und das gilt auch für die Küche. Niemand taugt für eine kleine Küchenrevolution besser als Hans Gerlach. Ich weiß das.

Ehrlich gesagt befinde ich mich nämlich schon länger in Hans Gerlachs Obhut, denn er war früher mal mein Nachbar. Es konnte passieren, dass er samstagmittags klingelte und mit irgendeiner Tüte vor der Tür stand. Er ging dann gruß- und überhaupt wortlos an mir vorbei in meine Küche und legte die Tüte in meinen Kühlschrank, weil in seinem immer zu wenig Platz war (und in meinem immer zu viel). Später am Nachmittag kam er wieder und holte seine Tüte ab. Um sieben klingelte er, um mitzuteilen, dass der Kapaun in zwanzig Minuten fertig sei, und um halb neun saß ich sprachlos an seinem Tisch und ließ mir erklären, was er mit dem verzauberten Tier angestellt hatte. Seine Rezepttests mit Freunden und Nachbarn sind zur Legende geworden. Einmal hat er mir sogar das Leben gerettet.

An einem Montag um acht Uhr abends ging ich, der ich gerade nach Hause gekommen war, mit einer Käsestulle in der Hand zur Tür, an der es gerade geklingelt hatte. Ich öffnete und vor mir stand ein mir komplett unbekanntes und mit einer Weinflasche bewehrtes Ehepaar. Meine Frau hatte es vor Wochen für genau diesen Montagabend zum Essen eingeladen und diesen normalerweise einen Haushalt alarmierenden Umstand sofort wieder vergessen. Ich geleitete die beiden in die Küche, wo meine Frau gerade überlegte, ob sie sich auch ein Butterbrot machen sollte. Warum merkten die beiden nicht, dass wir sie vollkommen vergessen hatten? Weil im Ofen ein riesiger Schweinsbraten lag, den Hans zu Testzwecken bei uns zubereitete (in seinem eigenen Ofen testete er ein Kartoffelrezept). Ich flitzte über den Flur, klingelte bei Hans und erklärte ihm die Situation. Er stellte keine Fragen, zuckte bloß mit den Schultern und überließ uns Schweinebraten, Kartoffeln sowie Ruhm und Ehre.

Manchmal veranstaltete Hans mit uns, seinen so neugierigen wie tölpelhaften Nachbarn, kleine Workshops. Er liebt es zu erklären, und er kann das ziemlich gut. Es interessiert ihn nämlich nicht nur, dass etwas gelingt, sondern vor allem, warum es gelingt. Das macht das Kochen mit ihm zu einem umwerfend spannenden und lehrreichen Vorgang. Schon seit Jahren wettert er gegen diejenigen unter den Kochbuchautoren, die ihre Leser mit unfertigen Rezepten traktieren, mit gemeinen Mengenangaben und kaum verständlichen Handlungsanweisungen. Auch wenn er selbst als diplomierter Architekt, ausgebildeter Koch und preisgekrönter Food-Stylist etwas vom Handwerk und der dafür nötigen Genauigkeit versteht, so ist er doch am Ende kein Herd-Nerd, kein verbiesterter Experimentalkoch, sondern ein Genießer mit Anspruch und gewissem missionarischen Eifer. Der drückt sich darin aus, dass er seinen Freunden genau auseinander setzt, was gerade in dem Steak passiert, das man gemeinsam in der Pfanne beim Garen beobachtet. Oder wann man so ein Steak salzen soll (das kommt darauf an, wie Sie die Oberfläche wollen, also mit Kruste oder mit dem Geschmack der Salzkrümel). Oder welches Salz man zum Frühstücksei nehmen sollte. Nach einer durchzechten Nacht bot er mir tatsächlich acht verschiedene Salze für meine beiden Frühstückseier an (vielleicht waren es aber auch nur ein Frühstücksei und vier Salze, wie gesagt, die Nacht war lang).

Hans Gerlach ist also Koch, Food-Stylist, Kolumnist und auch Rezeptautor. Ganz ohne Rezept geht es nun einmal doch nicht. Er hasst Rezepte, die nicht funktionieren, und noch mehr hasst er es, wenn die Leser dieser Rezepte nicht verstehen, warum sie nicht funktionieren. Dieses Buch wird diesen Missstand ein für alle Mal beenden. Wenn Sie es gelesen haben, sind Sie frei. Endlich frei.

Mehr kann ein Buch nicht versprechen.

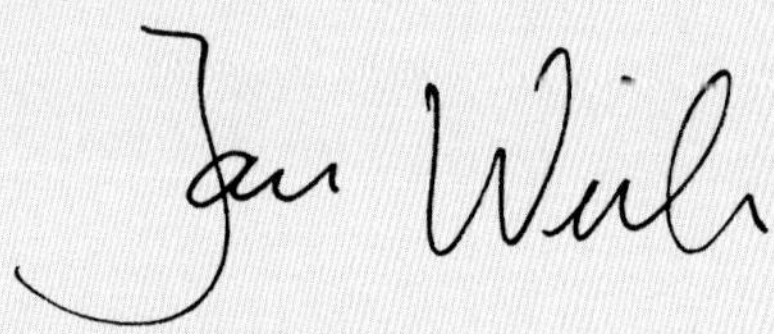

Schneiden

Das Salz der Erde

Zwischen 1 und 3 Gramm Salz benötigen wir am Tag. Dafür braucht es weder Salzfass noch Kartoffelchips – es würde reichen, ab und zu ein wenig Blut zu trinken. Steinzeitjäger nahmen kein Salz zu sich. Auf Salz versessen sind wir erst, seit unsere Urahnen begannen, salzarmes Gemüse anzubauen. Salzhandel war ein Motor der Weltwirtschaft, der die Beziehungen zwischen Ländern bestimmte – bis industrielle Abbaumethoden Salzreserven überall zugänglich, billig und damit uninteressant machten.

Wenige Produzenten von naturbelassenen, unraffinierten Salzsorten haben bis heute durchgehalten. Seit einigen Jahren finden diese Salze sich wieder in der Welt der Reichen, der Schönen, der Gourmets aller Länder – wie früher. Den neuen Preis bestimmen Geschmack und Konsistenz.

Geschmack: Kochsalz aus dem Supermarkt besteht aus Natriumchlorid. In unbehandelten Steinsalzen und in unbehandelten Meersalzen gibt es neben Natriumchlorid noch viele andere Salze, die den Geschmack beeinflussen. Zum Beispiel Kaliumchlorid oder Kaliumjodid. Kaliumbromid wirkt in größeren Mengen als Schlafmittel. Alle diese Salze sind im Meer gelöst und beginnen bei verschiedenen Temperaturen und Konzentrationen Kristalle zu bilden. Durch geschickte Anordnung von Verdunstungsbecken, durch die das Salzwasser fließt, können erwünschte von unerwünschten Salzen getrennt werden. Das Zusammenspiel von Beckengröße, Verdunstung und Temperatur bestimmt Mischung und Geschmack der Salze – heute in den Anlagen des »Meersalz-Gärtners« ebenso wie vor Jahrmillionen in austrocknenden Meeresteilen.

Konsistenz: Salzkristalle sind hart, manche aromatischen Salze gibt es nur in größeren Körnern zu kaufen – dafür brauchen Sie einen Mörser oder eine Salzmühle. Es ist nicht wichtig, ob Sie Ihr Salz frisch mahlen, denn es gibt keine leichtflüchtigen Aromastoffe darin. Geradezu knusprig-flockig oder sogar zart schmelzend sind die unbehandelten Sorten Fleur de Sel oder Soffi di Sale – ein Hauch von Salz, sozusagen der Raureif der Salzbecken, der sich an windstillen Tagen in kleinsten Mengen in den Ecken der Salzbecken bildet und von Hand eingesammelt wird.

Gutes Salz ist ein sehr preiswertes Statussymbol. Selbst ayurvedisches Himalaya-Zaubersalz – das gut schmeckt, aber vielleicht nur über begrenzte Zauberkraft verfügt – können Sie erwerben, ohne dafür Ihre Altersvorsorge zu opfern.

DAS SALZ DER ERDE

Grundrezept Salze auf Carpaccio

Besorgen Sie sich beim Feinkosthändler Ihres Vertrauens eine Auswahl der aromatischsten Salze, die Sie finden können. Angesagt sind: Maldon Sea Salt aus England, Rotes Meersalz aus Hawaii (Alaea Sea Salt), Flor de Sal aus Portugal, Fleur de Sel aus verschiedenen Gegenden Frankreichs oder Himalaya-Kristallsalz – eine sehr gute Auswahl finden Sie bei www.bosfood.de.

ca. 300 g Rinderfilet (zusätzlich evtl. Schwertfischfilet oder Zucchini), 4 EL Olivenöl, Pfeffer, Salz (verschiedene Sorten)

Das Rinderfilet in hauchdünne Scheiben schneiden – das geht am besten mit einer Aufschnittmaschine, der Metzger erledigt das für Sie. 4 Teller mit Olivenöl bepinseln, die Carpaccio-Scheiben darauf verteilen. Das Carpaccio mit Pfeffer und den verschiedenen Salzen bestreuen und sofort servieren, bevor das Salz sich auflöst.

Ein einfacher grüner Salat mit Zitronen-Olivenöl-Vinaigrette (siehe S. 25) und italienisches Weißbrot machen aus der Salz-Verkostung eine feine Vorspeise.

Gratinierte Knurrhahnfilets mit Knuspersalz

Bei diesem Rezept geht es um Textur und Konsistenz: Das englische Maldon Sea Salt bildet ganz dünne, große Kristalle. Es ist besonders geeignet für Rezepte, bei denen Sie knusprige Salzflocken im Mund spüren wollen.

3 reife Tomaten, 80 g ungesalzener weißer Rückenspeck (oder Butter), 3 Stängel Petersilie, 1 TL Kümmel, 500 g Knurrhahnfilet, schwarzer Pfeffer, Salz

Die Tomaten kreuzweise einritzen und 15 Sekunden in kochendes Wasser legen, abschrecken, schälen, vierteln und entkernen. Das Fruchtfleisch würfeln. Tomaten schäle ich fast nie – hier ist es ausnahmsweise wichtig. Rückenspeck mit Petersilienblättchen und Kümmel fein hacken.

Die Tomaten in einer ofenfesten Form verteilen, Knurrhahnfilets trockentupfen und mit der Hautseite nach oben auf die Tomaten legen. Die Speckmischung auf den Fischfilets verteilen und auf der mittleren Schiene im Ofen bei 220 Grad je nach Dicke der Fischfilets 6 – 8 Minuten überbacken. Den Fisch aus dem Ofen nehmen, mit Pfeffer und Salz, am besten Maldon Sea Salt oder Fleur de Sel, kräftig würzen und servieren.

Knurrhahn schmeckt genauso gut wie Rotbarbe – kostet aber viel weniger. Sie können auch Lachs- oder andere Fischfilets verwenden. Wichtig ist dabei nur die Dicke der Filets: Sie sollte nicht viel mehr als 1 cm betragen.

KNURRHAHNFILETS

ZANDERFILET

Gedämpftes Zanderfilet mit Limettensalz

Salze, Farben und Aromen – probieren Sie bei diesem Rezept rosafarbenes Himalaya-Steinsalz oder grau gesprenkeltes Ur-Steinsalz aus Österreich.

400 g Zanderfilet (oder ein anderes weißes Fischfilet), 2 EL Fischsauce (Asienladen), 1 EL Öl, 1 Gurke, 4 – 6 Salatblätter (z. B. Kopfsalat, Romana oder Chinakohl), 1 Limette, Salz, Pfeffer, 1 Bund gemischte Kräuter (z. B. Dill, Koriander, Zitronenmelisse, Petersilie, Shiso-Kresse = Perilla oder gemischte Kräuter für Frankfurter Grüne Sauce)

Zanderfilet in 4 Portionen teilen, mit Fischsauce und Öl in eine Schüssel legen, kurz ziehen lassen – nicht ganz so puristisch, aber ebenso lecker ist die Marinade mit etwas geriebenem Ingwer, gehackter Chilischote oder fein geschnittenen Thai-Schalotten.

Einen Topf mit passendem Dämpfkorb oder Dämpfeinsatz mit etwas Wasser füllen, aufkochen. Die Gurke schälen, der Länge nach vierteln, entkernen und in Scheibchen schneiden. Den Dämpfkorb mit Salatblättern auslegen. Die Gurken auf dem Salat und den Fisch auf den Gurken verteilen. Je nach Dicke der Fischfilets 5 – 8 Minuten dämpfen.

In der Zwischenzeit die Limette achteln. 4 Mini-Dip-Schälchen mit einer Mischung aus 3 Teilen Salz und 1 Teil Pfeffer füllen. Auf jedes Schälchen 2 Limettenstücke legen. Kräuter waschen und grob zupfen. Fisch, Gurken und Salat in Schalen anrichten, mit den Kräutern bestreuen und mit der Salz-Mischung servieren. Jeder Gast tröpfelt nun etwas Limettensaft ins Salz, verrührt beides zu einer Art Brei und tunkt dann jeden Bissen ein wenig ins Limettensalz.

»Reis oder Reisnudeln als Beilage machen aus dem kleinen Zwischengericht einen sommerlichen Hauptgang.«

Hähnchenbrustfilets in Salzkruste

An meinem bisher schönsten Arbeitsplatz, in Sizilien – unter einer Bougainvillea, auf einem Felsen hoch über dem Meer –, hatte ich einen Eimer, der war halb gefüllt mit grobem Meersalz. Ab und zu habe ich es mit einer Tasse Wasser befeuchtet. In diesem Salz wurden die Fische eingepackt und gegart – billig und perfekt. Es geht auch mit Huhn.

6 – 8 Austernpilze, ½ Zucchino, 1 Knoblauchzehe, 500 g grobes Meersalz, 2 große Hähnchenbrustfilets (mit oder ohne Haut), 10 Salbeiblätter, 4 EL Tomatensaft, 4 EL Olivenöl, Salz, Pfeffer, 1 Stange Bleichsellerie (oder ¼ Fenchelknolle), ½ Bio-Zitrone, 1 TL Kapern

Den Stiel der Austernpilze abschneiden. Zucchino und Knoblauch der Länge nach in Scheiben schneiden. Meersalz mit 5 – 6 EL Wasser mischen. Ein Drittel davon in eine ofenfeste Form geben.

1 Hähnchenbrustfilet mit der Hautseite nach unten auf das Salz legen. Pilze, Zucchini, ein paar Salbeiblätter und Knoblauch darauf verteilen, das zweite Hähnchenbrustfilet mit der Hautseite nach oben auf das Gemüse legen, restliche Salbeiblätter darauf legen. Das restliche Salz auf dem Hähnchen verteilen, leicht andrücken – die Ränder des »Hühnerpäckchens« müssen dabei nicht vollständig bedeckt sein. Bei 180 Grad 40 – 45 Minuten auf der mittleren Schiene im Ofen garen.

Währenddessen eine Sauce vorbereiten: Tomatensaft mit Olivenöl mischen und mit wenig Salz und Pfeffer abschmecken. Bleichsellerie fein schneiden. Etwas Zitronenschale dünn abschälen und fein schneiden, 1 TL Saft auspressen. Alles zusammen mit den Kapern in die Sauce geben. Hähnchenbrustfilets aus dem Ofen nehmen. Den Salzdeckel abheben. Hähnchenbrüste herausnehmen, in dicke Scheiben schneiden und mit Füllung und Sauce servieren.

»Für einen Hauptgang können Sie die Mengen verdoppeln oder Polenta dazu servieren.«

Riechen wie die Griechen

Knoblauch will nicht gefressen werden, er wehrt sich dagegen mit üblen Gerüchen: In den Pflanzenzellen sind eine schwefelhaltige Aminosäure und das dazu passende Enzym enthalten. Beißt ein Feind des Knoblauchs – zum Beispiel eine Wühlmaus – zu, vermengen sich Aminosäure und Enzym. Dabei bildet sich Allicin, das für den scharfen Duft aller Zwiebelpflanzen sorgt.

Dieses Allicin soll Feinde in die Flucht schlagen, gleichzeitig wirkt es als biochemisches Wundermittel im Kampf gegen Bakterien und Pilze, es senkt den Blutdruck und hilft gegen Asthma. Leider zerfällt Allicin an der Luft sehr schnell. Bei diesem Prozess entstehen zunächst Verbindungen, die immerhin noch Herz-Kreislauf-Erkrankungen und Tumorbildung hemmen, danach bildet sich eine unübersehbare Zahl an zuerst aromatischen, später eher übel riechenden, schwefelhaltigen Abbauprodukten.

Knoblauch aus der Presse riecht und schmeckt nie wirklich frisch – im Gegensatz zu Knoblauch, der mit einem scharfen Messer fein geschnitten wird. Denn so werden die Zellen sauber gespalten, an der großen Schnittfläche kann der Zellsaft reichlich austreten und beim Kontakt mit der Luft Aromastoffe bilden. Der Rest der Zellen bleibt intakt, die vielen kleinen Stückchen bieten der Zunge sanften mechanischen Widerstand und können im Mund ganz frisch ihren »Drohstoff« freisetzen. Je dünner der Knoblauch geschnitten wird, desto mehr Luft kommt an die Schnittstellen und desto mehr Knoblaucharoma entsteht.

Mit einer Knoblauchpresse oder einem stumpfen Messer dagegen werden die Knoblauchzellen gequetscht statt geschnitten. Dabei entsteht erst mal besonders viel Allicin, weil viele Zellen brachial zu Brei geschlagen werden. Die verletzten Zellen verkleben, aber der Kontakt zwischen Knoblauchbrei und Luft bleibt relativ gering. Die gequetschten Zellen sterben ab, bevor sie ihre Aromastoffe richtig ausbilden und freisetzen können. Gequetschter Knoblauch ist also zwar scharf, aber nicht sehr aromatisch.

Mit einem einfachen Experiment können Sie unsere Theorie leicht überprüfen: Schälen Sie zwei Knoblauchzehen, zerquetschen Sie die eine und legen Sie die andere auf ein Schneidebrett. Wählen Sie ein längeres, scharfes Messer mit einer nicht zu schmalen Klinge. Halten Sie die Knoblauchzehe mit Daumen, Mittelfinger und Zeigefinger und schneiden Sie sie in langen, langsamen Schnitten von vorn oben nach hinten unten in sehr dünne Scheiben. Dabei berührt das Messer das Schneidebrett erst gegen Ende der Schneidebewegung. Profis führen das Messer am Fingernagel oder Knöchel ihres krallenartig gekrümmten Zeigefingers – das macht die Sache schneller. Riechen Sie den Duft an Ihren Fingern und vergessen Sie die trüben Jahre mit der Knoblauchpresse.

RIECHEN WIE DIE GRIECHEN

TSATSIKI

Die Mutter aller Knoblauchgerichte: Tsatsiki

1 Gurke, 1 frische Knoblauchzehe, ½ Bund Koriander, 1 Zweig Minze, 200 g griechischer Joghurt (10 % Fett), Salz, Pfeffer

Gurke schälen, halbieren, entkernen und raspeln. Das überschüssige Wasser in einem Küchentuch fest auspressen. Knoblauchzehe in hauchdünne Scheibchen schneiden, Koriander und Minze in Streifen schneiden. Alle Zutaten mit dem Joghurt mischen und mit Salz und Pfeffer kräftig abschmecken.

Eine simple Sache – aber besser kommt Knoblauch kaum zur Geltung.

LÖWENZAHNSALAT

Löwenzahnsalat

In Frankreich wird der Löwenzahn für den »Salade de pissenlits« im Garten, auf ungedüngten Wiesen oder auf dem Berg gestochen. Die Pflänzchen müssen sehr jung und sehr zart sein, dann schmecken sie sehr gut. Es gibt unzählige wilde, und inzwischen auch gezüchtete, Löwenzahnsorten – mit verschieden hohem Bitterstoffgehalt.

Der Löwenzahn aus unserem Garten war mir immer zu bitter, bis wir anfingen, die Pflänzchen zu bleichen: Alle Blätter einer Löwenzahnpflanze abschneiden, einen Blumentopf darüber stülpen – nicht vergessen, einen kleinen Stein auf das Loch zu legen –, sodass die Pflanze überhaupt kein Licht bekommt. Nach einigen Tagen können Sie Ihre kleine Delikatesse ernten und den Topf auf die nächste Pflanze setzen. Milde Sorten gibt es auch auf dem Markt.

100 g Löwenzahn, 1 Knoblauchzehe, 15 cm Baguette, 2 EL Olivenöl, 2 EL Pinienkerne, 4 TL Rotweinessig, 1 EL Rosinen, Salz, Pfeffer, 4 EL Olivenöl

Das Rezept ist einfach: Löwenzahn gründlich waschen und verlesen. Knoblauchzehe schälen und mit einem scharfen Messer sehr fein hacken. Baguette in dünne Scheibchen schneiden und in einer Pfanne mit 2 EL Olivenöl goldbraun braten. Das Brot aus der Pfanne nehmen, leicht salzen. Die Pinienkerne in der heißen Pfanne rösten, den Knoblauch zugeben, umrühren. Die Pfanne mit 2 TL Rotweinessig löschen und vom Herd nehmen. Rosinen zugeben, mit Salz und Pfeffer würzen, Olivenöl und 2 TL frischen Rotweinessig unterrühren. Die Sauce mit dem Löwenzahn mischen und mit geröstetem Baguette servieren.

Wenn Sie schon beim Unkrautjäten sind: Vogelmiere und Gänseblümchen passen gut dazu …

SPIESSCHEN

Marinierte Spießchen

Bei einer Recherchereise nach Saigon fanden meine Frau und ich in einem Freizeitpark für vietnamesische Brautpaare die perfekte Marinade für kleines Gegrilltes. Das Rezept steht schon in unserem Buch über Vietnam, ich will es Ihnen aber trotzdem nicht vorenthalten.

30 Schaschlikspieße, 2 EL vietnamesische Fischsauce (Asienladen), 2 EL Sojasauce, 2 TL Zucker, 4 EL Öl, 2 Knoblauchzehen, 200 g Hähnchenbrustfilet, 200 g Tunfischfilet

Schaschlikspieße in kaltes Wasser legen, damit sie beim Grillen nicht verbrennen. Fischsauce, Sojasauce, Zucker und Öl mischen. Knoblauchzehen schälen, fein hacken und mit der Marinade in 2 Schüsseln verteilen.

Hähnchenbrustfilet und Tunfischfilet in 6 mm dicke Streifen schneiden, einige Minuten in der Marinade ziehen lassen, dann die Fleisch- und Fischstreifen auf die Holzspieße fädeln und bei großer Hitze von beiden Seiten je 2 Minuten (Tunfisch) bis 3 Minuten (Hähnchen) grillen.

Dazu passen Limettenachtel und grob gehackte Kräuter und ein klassischer süddeutscher Kartoffelsalat mit Essig-Öl-Marinade.

Gegrillter Kürbis mit Knoblauchbutter

Fast alle Gemüse können Sie grillen, selbst halbierte Salatköpfe wie Radicchio oder Chicorée. Grundregel: Gemüse mit langer Garzeit in Scheiben schneiden, in Wasser oder im Ofen vorgaren und nur noch kurz grillen. Oder die rohen Gemüsestücke in Alufolie wickeln und bei milder Hitze garen. Für den Winter ist eine beschichtete Grillpfanne eine sehr gute Anschaffung.

250 g weiche Butter, 4 – 6 frische Knoblauchzehen, 1 Bund Koriander, 2 EL Limettensaft, 1 – 2 EL Wasabipaste (grüner japanischer Meerrettich), 1 kg festes Kürbisfruchtfleisch (z. B. Hokkaido- oder Muskatkürbis), Salz, Pfeffer

Zuerst die Knoblauchbutter vorbereiten: Butter mit dem Rührgerät schaumig schlagen. Knoblauchzehen schälen und hauchdünn schneiden. Koriander hacken. Knoblauch, Kräuter, Limettensaft und Wasabipaste mit der Butter verrühren, in Portionstöpfchen füllen, salzen und kalt stellen.

Kürbisfruchtfleisch mit der Schale in 1 cm dicke Scheiben schneiden, mit Salz und Pfeffer würzen und auf einem geölten Backblech bei 200 Grad im Ofen 15 Minuten backen. Dann den Kürbis aus dem Ofen nehmen und später auf dem Grill ca. 5 Minuten fertig garen oder einfach noch einmal 10 Minuten im Ofen lassen. Die heißen Kürbisscheiben mit der Knoblauchbutter servieren.

Der gegrillte Kürbis eignet sich als Beilage zu kurz gebratenem Fleisch oder, mit einem großen Salat, als vegetarischer Hauptgang.

Koriander ist bei uns inzwischen sehr verbreitet. Probieren Sie das Rezept ruhig auch einmal mit anderen Kräutern aus dem Asialaden wie Vietnamesischer Melisse (Elsholtzia ciliata, vietnamesisch: rau kinh gioi) oder Senfkraut (Brassica juncea).

Tropfen für Tropfen

Wasser und Öl mögen sich nicht – trotzdem gibt es viele Lebensmittel, in denen sich beide Teile dauerhaft verbinden. Meistens sind in diesen Emulsionen unzählige mikroskopisch kleine Fett-Tröpfchen in einer wässrigen Flüssigkeit verteilt. Ein gutes Beispiel ist die Milch, aber auch Mayonnaise ist eine Öl-in-Wasser-Emulsion, obwohl ihr Fettgehalt viel höher ist als ihr Wassergehalt. Viele kleine Öl-Tröpfchen geben einer wässrigen Flüssigkeit Geschmack, gleichzeitig wirken sie als Hindernisse beim Rühren. So wird die emulgierte Flüssigkeit dicker, viskoser – schon der Klang des Wortes ist gleichzeitig weich, zäh und fließend, sehr sexy, finde ich.

Um eine viskose Vinaigrette herzustellen, müssen Sie Tricks und Gewalt anwenden: Während Sie ganz langsam Öl in Essig gießen, schlagen Sie mit dem Schneebesen auf die Öl-Tropfen ein, die dadurch immer kleiner werden und sich ganz fein im Essig verteilen. In den meisten Vinaigrette-Rezepten kommen drei Teile Öl auf einen Teil Essig. So viel Öl kann Essig aber ohne Hilfsmittel nicht richtig binden. Einfache Essig-Öl-Saucen, so wie sie der »Italiener« um die Ecke oft serviert, trennen sich schnell wieder.

TROPFEN FÜR TROPFEN

Für längerfristige Bindungen braucht es einen Emulgator, ein Mittel, welches verhindert, dass die vielen kleinen Fett-Tröpfchen wieder zu einem riesigen Fettauge zusammenlaufen. Dafür gibt es zwei Möglichkeiten: Die besten Emulgatoren sind Moleküle, deren eine Seite von Wasser angezogen wird und deren andere Seite sich an die Öl-Tröpfchen bindet. Diese Emulgatoren bilden eine Hülle um die einzelnen Tröpfchen, die sich dann nicht vereinigen können. Lecithin im Eigelb ist so ein Stoff, mitverantwortlich für die Bindung der Mayonnaise.

Für die weniger feste Emulsion in einer Vinaigrette reichen fein pürierte Pflanzenzellen. Viele Pflanzen enthalten kleinste Mengen echter Emulgatoren, vor allem aber verteilt sich das Pflanzenmaterial zwischen den Tröpfchen und versperrt diesen ganz einfach den Weg. Senf besteht aus Senfmehl und Essig, das Senfmehl bindet das klassische »French Dressing«. Aber auch gequetschter Knoblauch oder Salzzitrone erfüllen denselben Zweck. Am besten zerreiben Sie eine Knoblauchzehe mit einer kräftigen Prise Salz im Mörser – hier dürfen Sie ausnahmsweise (siehe S. 16) jede Zelle im Knoblauch komplett zermalmen, dann wirkt er am besten.

ZITRONEN-VINAIGRETTE

Zitronen-Vinaigrette

Zusätzlich stabilisieren Sie Ihre Vinaigrette, wenn Sie nicht mehr als 2 Teile Öl für 1 Teil Flüssigkeit verwenden. Damit die Sauce nicht zu sauer wird, sollten Sie den Essig oder den Zitronensaft mit wenig Brühe oder Wasser mischen. Brühe hat den Vorteil, dass sie etwas Gelatine enthält, und auch die unterstützt die Emulsion.

Für 225 ml: 2 EL Zitronensaft, 4 EL kräftige Brühe, 1 TL scharfer Senf, Salz, Pfeffer, ½ Bund Petersilie, 1 Sardellenfilet (nach Belieben), 150 ml Olivenöl

Zitronensaft, Brühe und Senf verrühren, mit Salz und Pfeffer würzen. Die Petersilienblättchen grob hacken und zusammen mit Sardellenfilet und Olivenöl in die Sauce geben. Im Mixer oder mit einem Pürierstab pürieren, bis die Sauce cremig wird.

Ohne Emulsion: Für einen schönen Fenchelsalat 1 Fenchelknolle in sehr dünne Scheiben schneiden, mit 1 EL Zitronensaft und einer Prise Salz mischen, leicht drücken. Zugedeckt mindestens 10 Minuten ziehen lassen, dabei tritt etwas Feuchtigkeit aus dem Fenchel aus und das Gemüse wird weicher. Mit Pfeffer würzen, 4 EL Olivenöl zugeben und mit ½ Bund gehackter Petersilie und 1 EL gerösteten Pinienkernen mischen. Das Prinzip funktioniert auch mit anderen Gemüsesorten wie Bleichsellerie oder Möhren

BALSAMESSIG-SAUCE

Balsamessig-Sauce

Balsamessig wird aus weißen Trauben hergestellt. In Italien sind es Trebbiano-Trauben. Erst die typische Art der Vergärung eines eingekochten Traubenmostes und die lange Lagerung der Essige in Holzfässern führt zu seiner dunklen Farbe. Streng genommen kann es einen weißen Balsamessig nicht geben – was unter dieser Bezeichnung angeboten wird, ist meist einfach ein gesüßter Weißweinessig minderer Qualität. Gut, um Wasserhähne zu entkalken. Dabei muss guter Balsamessig nicht unbedingt aus der Gegend um Modena kommen. In Deutschland gibt es mindestens zwei gute Produzenten: Robert Bauer im schwäbischen Flein und der Doktorenhof im badischen Venningen.

Für 200 ml: ½ Knoblauchzehe, Salz, 3 – 4 EL Balsamessig, Pfeffer, 150 ml Sonnenblumenöl

Die Knoblauchzehe mit einer kräftigen Prise Salz im Mörser zu feinem Brei zerreiben. Das Knoblauchpüree mit Balsamessig verrühren, kräftig pfeffern. Sonnenblumenöl langsam unterschlagen oder alles zusammen in einer Flasche schütteln, bis die Sauce cremig wird.

Mayonnaise ohne Ei

Der Großmeister der »Molekular-Gastronomen« ist der französische Chemiker Hervé This. Sein Buch »Rätsel der Kochkunst« lieferte mir und vielen anderen Köchen zum ersten Mal wissenschaftliche Erklärungen für altbekannte Phänomene in der Küche. Vielen Dank!

Als Franzose hat This sich zuerst mit der klassischen Küche beschäftigt, auch mit der Mayonnaise. Einst fast omnipräsent in der internationalen Gastronomie, ist sie in den letzten Jahren – zumindest in Deutschland – etwas in Verruf geraten: wegen der rohen Eigelbe, mit denen sie normalerweise emulgiert wird. Im Internet gibt es eine kleine Gemeinde an This-Schülern; bei chefsimon.com fand ich die Anregung für eine vollständig eifreie Variante. Es funktioniert.

Für 200 ml: ½ Blatt Gelatine, 1 EL Zitronensaft, 3 EL aromatische Flüssigkeit (z. B. Geflügelbrühe, konzentrierter Fischfond, Garflüssigkeit von gedünsteten Pilzen o. Ä.), Salz, Pfeffer, 150 ml Öl

Die Gelatine in der Flüssigkeit einige Minuten einweichen, dann leicht erwärmen, bis sich das Gelatineblatt gelöst hat. Mit Salz und etwas Pfeffer kräftig würzen. In einen Mixbecher geben und abkühlen lassen, bis die Flüssigkeit in etwa Raumtemperatur erreicht hat.

Das Öl, wie bei einer normalen Mayonnaise, langsam zugießen. Dabei ständig mit einem Pürierstab oder dem Mixer schlagen, bis sich eine dicke Creme bildet. Keine Sorge, es dauert eine Weile, aber am Ende bindet die Creme. Abschmecken – wenn Sie möchten, auch mit etwas Senf oder gehackten Kräutern.

Im Kühlschrank wird unsere eifreie Mayonnaise fast schnittfest; das ist ungewohnt, lässt sich aber für ganz neue Rezepte nutzen. So können Sie aus dem Klassiker »Sandwich aus labberigem Toastbrot mit Tunfisch-Mayonnaise-Füllung« kleine, zarte Tunfischpralinen zaubern, indem Sie das Weißbrot einfach weglassen, die Tunfischmasse mit kleinen Löffeln abstechen, einige Stunden kühl stellen und in kleinen Pralinenförmchen aus Papier servieren.

MAYONNAISE

MESSER MÖGEN'S SCHARF

Messer mögen's scharf

Was dem Yogi seine Atemwelle, das ist dem Koch der Wellenschnitt – unverzichtbares Element täglicher Konzentrationsübungen. Damit Sie sich dabei wirklich auf das Wesentliche konzentrieren können, brauchen Sie ein großes, breites und vor allem scharfes Messer. Welches Messer für Sie am besten geeignet ist, hängt vor allem davon ab, wie Sie es pflegen.

1. Sie schärfen Ihre Messer nie: Dann brauchen Sie ein Messer mit besonders harter, »standfester« Klinge. Infrage kommen Keramikmesser – ja nicht fallen lassen! – oder mehrlagige, meist japanische Messer. Nachteil: Die Klingen sind oft so dick, dass sich diese Messer beim Schnitt durch festes Gemüse (wie Möhren oder Kartoffeln) klemmen und dadurch selber behindern. Beim Sushi-Schneiden ist die Dicke kein Problem, das Fischfilet weicht der Klinge aus. Bringen Sie das Messer trotzdem einmal im Jahr zum Messerschleifer – danach macht die Arbeit in der Küche doppelt so viel Spaß.

2. Sie verwenden einen Wetzstahl: Diamantstaubbeschichtete Stähle eignen sich bestens für den Haushalt. Höre ich einen Aufschrei der Profis? Ja, eigentlich ist der Wetzstahl nur dazu da, um den Grat des Messers aufzurichten, geschliffen wird getrennt. Der beschichtete Stahl kann beides, aber nicht völlig perfekt. Halten Sie den Stahl waagrecht vor die Brust, das Messer senkrecht an der Spitze des Stahls, der Winkel zwischen Schneide und Stahl beträgt 17 – 20 °. Beschreiben Sie mit leichtem Druck einen Viertelkreis mit dem Messer über den Stahl, ohne diesen dabei zu bewegen. Wenn der Grundschliff stimmt, ist das Messer nach wenigen Strichen auf beiden Seiten scharf. Der Grundschliff stimmt aber erst, nachdem das Messer zum ersten Mal beim Messerschleifer war! Kaufen Sie sich ein gutes Messer mit schmalem Rücken. Ziehen Sie es, während Sie kochen, ab und zu über den Stahl – nicht rostfreie Messer lassen sich besonders gut scharf halten.

3. Sie rasieren sich bereits mit Ihrem »gepimpten« Taschenmesser: Hier eine anregende Adresse: www.messer-machen.de.

Schnitt(lauch)kunst

Manuel Reheis, einer meiner Lieblingsköche in München, erzählte mir einmal vom Hochzeitsessen eines Künstlers, bei dem ein Tisch oder ein sehr großes Tablett zentimeterdick mit Schnittlauch bestreut war. Dazu gab es Butterbrote, die einfach mit der gebutterten Seite in den Schnittlauch gelegt wurden, um daraus Schnittlauchbrote zu machen.

Schnittlauchbündel sind, wie alles Flache, gut geeignet für den Wellenschnitt. Beim Wellenschnitt bleibt die Spitze des Messers immer auf dem Arbeitsbrett, während Sie den Griff des Messers auf und ab bewegen und gleichzeitig das Messer weit vor und zurück schieben. Ob Sie ziehend oder schiebend schneiden, ist Gewohnheitssache – ich bin ein »Schieber«. Am besten funktioniert es, wenn Sie das Messer an den Knöcheln Ihrer gekrümmten Finger führen. Auf S. 16, »Riechen wie die Griechen«, stelle ich Ihnen die zweite wichtige Schneidemethode vor – für alles Hohe.

Für eine mittelgroße Feier (je nach Gesamtmenü 30 – 50 Personen): ca. 30 Bund Schnittlauch, 2 Laibe Bauernbrot, 500 g Butter, Pfeffermühle

Schnittlauch in feine Röllchen schneiden und auf einem großen Tablett verteilen. Dazu Bauernbrot in Scheiben schneiden und mit Butter bestreichen. Eine Pfeffermühle daneben stellen.

Kichererbsensalat mit Tomatenwürfeln

Kichererbsen gehören meiner Meinung nach zu den wenigen Zutaten, die vorgekocht und aus der Dose völlig einwandfrei schmecken – die gesparte Zeit können Sie hier verwenden, um Tomaten zu würfeln.

500 g Tomaten, 1 Dose Kichererbsen (425 ml), 1 kleiner Kopf Salat, 3 EL Mohn, 1 Bund Petersilie, 3 – 4 Zweige Zitronenmelisse (oder 2 Zweige Minze), 4 Sardellenfilets, 1 TL Kreuzkümmel, 1 milde Peperonischote, 1 EL Zitronensaft, 4 EL Olivenöl, Salz, Pfeffer

Tomaten waschen, vierteln und entkernen. Mit einem scharfen Messer das Fruchtfleisch in kleine Würfel schneiden – dabei hilft die Wellenschnitt-Technik aus dem Schnittlauch-Rezept links. Kichererbsen abgießen, abspülen, abtropfen. Salat waschen, putzen und trockenschleudern.

Für die Sauce den Mohn in einer Pfanne ohne Fett rösten, bis die Körner duften, dabei ständig rühren. Petersilie, Zitronenmelisse, Sardellenfilets, Kreuzkümmel und Peperonischote fein hacken oder mit dem Mohn im Mörser zerreiben. Alles zusammen mit Zitronensaft und Olivenöl verrühren. Mit Salz und Pfeffer abschmecken und mit Kichererbsen, Tomaten und Salat mischen und servieren.

Ein besonderer Tipp von Barbara Bonisolli, unserer Fotografin: Ersetzen Sie den Zitronensaft durch das gehackte Fruchtfleisch einer kleinen Zitrone. Dafür die Zitrone mit einem scharfen Messer so schälen, dass dabei auch die weiße Haut entfernt wird. Jedes Zitronenstück mit je zwei Schnitten rechts und links entlang der Trennhäute herauslösen, dabei den austretenden Saft auffangen. Das Fruchtfleisch hacken und mit dem Saft unter die Kichererbsen mischen.

ZIEGENKÄSE

KICHERERBSENSALAT

Warmer Ziegenkäse mit Gemüsewürfelchen

Eine Wellenschnitt-Meditationsübung für Fortgeschrittene. Zu Ihrer Beruhigung: Auch beim Profi gibt es reichlich Abschnitte beim Gemüsewürfel-Schneiden – roh aufessen oder in eine Brühe werfen.

4 mittelgroße Kartoffeln, 2 Möhren, 100 g Sellerie, 1 kleine Lauchstange, 1 EL Nussöl, 8 EL trockener Sherry, Salz, Pfeffer, Muskat, 1 EL Sherryessig, 1 – 2 kalte Butterstückchen, 150 g halbfester Ziegenkäse (z. B. Chabichou, Tomme de chèvre oder Crottin)

Kartoffeln kochen. Währenddessen die Möhren schälen, in ca. 6 cm lange Stücke schneiden, die Möhrenstücke längs in 2 – 3 mm dicke Scheiben schneiden. Die Möhrenscheiben der Länge nach in Streifen schneiden. Jeweils ein Bündel Möhrenstreifen mit der linken Hand fassen und mit der rechten Hand in Würfelchen schneiden (oder umgekehrt). Sellerie mit derselben Methode klein würfeln. Die Lauchstange der Länge nach halbieren, gründlich waschen und dann ebenfalls in kleine Würfelchen schneiden.

Gemüsewürfelchen mit Nussöl 2 Minuten anschwitzen, mit Salz, Pfeffer und Muskat würzen. Sherry zugeben und 5 Minuten dünsten, dabei bleiben etwa 2 – 3 EL Flüssigkeit übrig – ansonsten noch etwas Wasser zugeben. Butterstückchen unterrühren, vom Herd nehmen.

Die Kartoffeln abgießen, abschrecken, pellen und halbieren, in eine ofenfeste Form setzen. Ziegenkäse in 1 cm dicke Scheiben schneiden. Auf jede Kartoffelhälfte eine Käsescheibe legen und unter dem Ofengrill einige Minuten überbacken, bis der Käse beginnt zu zerlaufen. Viele Ziegenkäse zerlaufen, bevor sie braun werden – das macht nichts, denn der Käse soll vor allem heiß werden. Mit der Gemüsesauce servieren.

Rühren

Im Zweifel für das junge Huhn

Von neun Jahren Englischunterricht blieb mir immerhin das Motto aus Maurice Sendaks Kinderbuch »Hühnersuppe mit Reis« in Erinnerung: »Each month is gay, each season nice, when eating chicken soup with rice.« Hier das Rezept – stopp, vorher erkläre ich noch, wie Sie eine gute Brühe kochen:

Suppenhühner haben bereits alle Eier gelegt und hoffentlich ein erfülltes Leben hinter sich – sie sind voller Aroma, aber leider zäh. Wenn Sie Brühe und Fleisch verwenden wollen, dann ist ein jüngeres Tier besser geeignet. Schneiden Sie die Hühnerbrustfilets mit einem scharfen Messer heraus und verwenden Sie sie zum Braten – durch langes Kochen würde das bindegewebsarme Brustfleisch trocken, ohne viel zur Brühe beizutragen.

Bedecken Sie das Huhn (oder 4 Hühnerbeine) in einem Topf knapp mit kaltem Wasser, geben Sie eine halbierte Zwiebel und einige gequetschte Knoblauchzehen mit Schale dazu. Lassen Sie bei Ihrer ersten Brühe alle anderen Gewürze und Gemüse weg – der Geschmack des Huhns reicht völlig aus. Schon beim nächsten Mal können Sie experimentieren und dann abwägen, ob die neue Variante besser, anders oder langweiliger als die reine Brühe schmeckt. Ich gebe gerne Tomaten, Fenchel oder Fenchelsamen dazu, getrocknete Steinpilze, hartlaubige Kräuter wie Lorbeer, Rosmarin, Thymian oder Salbei. Auch Safran, Chilischoten, getrocknete Krabben oder japanische Bonitoflocken machen sich gut.

IM ZWEIFEL FÜR DAS JUNGE HUHN

Erhitzen Sie den Topf – die Temperatur steigt, das Fleischeiweiß gerinnt allmählich. Die Zellmembranen werden durchlässig. Fette, frei gewordene Aminosäuren, Zucker, Mineralstoffe und Enzyme mischen sich, reagieren miteinander und erzeugen dabei den Duft der Hühnersuppe.

Sobald die Zellmembranen sich auflösen, wandern die Aromastoffe in die Brühe. Wenn der Mineralstoff-, also Salzgehalt im Fleisch sehr viel höher ist als im Wasser, dann ist der osmotische Druck groß, das heißt: Die Aromastoffe wandern schneller. Salzen Sie also erst gegen Ende.

Genauso wichtig wie das reine Aroma sind Kollagene aus Knochen und Bindegewebe (ja, Kollagene aus der Hühnersuppe helfen dem Körper auch beim Aufbau von neuem Bindegewebe im Bereich der Oberschenkel ...). Diese Kollagene verwandeln sich bei längerem Kochen in Gelatine und machen damit das Suppenfleisch saftig und die Suppe leicht »viskos«. Das heißt: Die Brühe fließt etwas langsamer, benetzt Mund und Zunge besonders gut und erzeugt so ein Gefühl von Fülle im Mund.

Hühnersuppe mit Reis

1 Hähnchen, 1 Tomate, 1 Zwiebel, 4 – 6 ungeschälte Knoblauchzehen, 1 Fenchelknolle, 1 TL Pfefferkörner, 1 TL Fenchelsamen, 1 Rosmarinzweig, 200 g Reis, 1 Bund Schnittlauch, 4 EL geriebener Parmesan

Das Hähnchen – mit oder ohne Brustfilets – in einen großen Topf geben und knapp mit Wasser bedecken. Tomate, die ungeschälte Zwiebel und Knoblauchzehen halbieren, die Stängelansätze von der Fenchelknolle abschneiden (die Knolle für ein anderes Rezept verwenden, z. B. für den Fenchelsalat auf S. 25). Pfefferkörner quetschen und mit Fenchelsamen, Rosmarin und dem Gemüse in den Topf geben. Aufkochen, ab und zu den aufsteigenden Schaum abschöpfen und auf kleiner Flamme 45 Minuten kochen, bis das Fleisch weich ist, nach einer halben Stunde kräftig salzen.

Die Brühe vorsichtig durch ein feines Sieb oder ein Passiertuch gießen, wieder zum Kochen bringen, etwas Fett abschöpfen – nicht alles, sonst ist der Geschmack weg. Das Fleisch etwas abkühlen lassen und dann von den Knochen lösen, in Stücke schneiden.

1,5 l Brühe abmessen, den Rest einfrieren. Reis und das klein geschnittene Hühnerfleisch in die Brühe geben. 20 Minuten ziehen lassen, in große Schalen verteilen. Schnittlauch schneiden, Schnittlauch und Parmesan über die Suppe streuen und servieren.

»Ob für eine Suppe,
einen Risotto
oder einen Eintopf –
es lohnt sich immer,
eine Portion Hühnerbrühe
im Tiefkühlfach zu haben.«

Chicken-Sandwich

Meist bleibt etwas Hühnerfleisch übrig, wenn Sie eine Brühe kochen. Die einfachste Verwendung dafür ist ein Geflügelsalat: Das Fleisch mit ein paar Kräutern, Tomaten oder frisch gekochten Nudeln mischen und mit einer schnellen Vinaigrette in einen Salat verwandeln (siehe auch S. 22 und 25). Assoziationen an Flugreisen wecken bei mir Sandwiches mit Hühnerfleisch – hier das Rezept für die erste Klasse.

Für 1 Sandwich: 3 EL gekochtes Hühnerfleisch, ½ Selleriestängel, 1 EL Mayonnaise, 1 EL Joghurt, Salz, Pfeffer, Curry, 2 Scheiben Weißbrot, 1 EL Mango-Chutney, 1 Zweig Koriander, 1 Salatblatt

Hühnerfleisch klein schneiden. Selleriestängel in feine Scheiben schneiden und mit Fleisch, Mayonnaise und Joghurt mischen und mit Salz, Pfeffer und einer Prise Curry abschmecken.

Weißbrot sehr blond toasten. Auf einer Scheibe das angemachte Fleisch verstreichen, Mango-Chutney auf dem Sandwich verteilen, Koriander, Salatblatt und die zweite Brotscheibe darauf legen und servieren.

Mango-Chutney können Sie kaufen, meine Lieblingsvariante können Sie auch selber machen: 1 Mango und 1 Zwiebel schälen und würfeln. 1 Knoblauchzehe und 1 TL Ingwer schälen, zusammen mit 1 Chilischote fein hacken. Etwas Schale von 1 Limette abreiben, den Saft auspressen. Alle Zutaten mit 50 g getrockneten Cranberries (oder Rosinen), 200 g frischen Cranberries (oder Preiselbeeren), 1 TL Korianderkörnern, ½ Zimtstange, 100 g braunem Zucker und 1 TL Salz in einem Topf mischen. Zugedeckt aufkochen, den Deckel abnehmen und bei mittlerer Hitze 10 – 12 Minuten kochen, dabei oft rühren. Die Konsistenz soll am Ende marmeladenartig sein.

CHICKEN-SANDWICH

Französische Fenchelsuppe

Die größte Gefahr für eine Brühe sind zu viele Zutaten. Die erstaunlichste Rinderbrühe meines Lebens habe ich aus Versehen gekocht, als ich ein Stück Kalbstafelspitz für ein Foto garen wollte: Das Fleisch eines freilaufenden Biokalbs war ungewöhnlich aromatisch, aus Zeitmangel hatte ich nur eine ungeschälte, halbierte Zwiebel und etwas Salz in die Brühe gegeben – wunderbar.

2 Zwiebeln, 1,5 kg Suppenknochen,
1 TL schwarzer Pfeffer, 1 Petersilienwurzel,
4 Knoblauchzehen, 1 Lorbeerblatt,
600 g Kalbsschulter, 2 Fenchelknollen,
2 EL Olivenöl, Salz, Pfeffer, 8 Baguettescheiben, 50 g Epoisses- oder Vacherin-Käse
(Alternativen: siehe Kühlschrank)

Zwiebeln ungeschält halbieren und in einem großen Topf mit der Schnittfläche nach unten 10 Minuten rösten, bis die Zwiebelunterseite schwarz ist. Suppenknochen zugeben, mit 3 Liter Wasser aufgießen, aufkochen. Sobald die Brühe einmal kräftig gekocht hat, die Hitze reduzieren, 1 Stunde simmern lassen. Immer wieder den aufsteigenden Schaum abschöpfen.

Pfeffer zerdrücken, Petersilienwurzel und Knoblauchzehen in Stücke schneiden. Zusammen mit Lorbeerblatt und Kalbfleisch in die Brühe geben. Salzen und 1 Stunde fertig garen, dabei darauf achten, dass das Fleisch immer mit Brühe bedeckt ist.

Das Fleisch aus der Suppe nehmen und abkühlen lassen, mit einem scharfen Messer in hauchdünne Scheiben, anschließend in breite Streifen schneiden. Kalbsbrühe durch ein feines Sieb gießen.

Fenchel in dünne Scheiben schneiden, mit Olivenöl, Salz und Pfeffer zugedeckt 10 Minuten bei milder Hitze dünsten. Mit 1,2 l Brühe aufgießen (die restliche Brühe einfrieren), 5 Minuten kochen. Das Kalbfleisch in der Suppe heiß werden lassen, kräftig abschmecken. Baguettescheiben unter dem Ofengrill hell rösten, Käse auf den Broten verteilen, unter dem Grill schmelzen. Die Suppe in Teller verteilen, Käsetoasts hineinlegen und servieren.

»Sie können die Kalbsschulter auch separat servieren, entweder wie einen Tafelspitz, mit wenig Brühe, gekochtem Wurzelgemüse, Salzkartoffeln und frisch geriebenem Meerrettich – oder als Salat, ähnlich wie gekochtes Hähnchenfleisch.«

FENCHELSUPPE

Gerührt und geschüttelt

Risotto, Teil I

GERÜHRT UND GESCHÜTTELT

Risotti gehören zu den schönsten Geschenken Italiens an die moderne Küche. Wie alle einfachen Sachen, so können Sie auch das Reiskochen in täglicher Praxis immer weiter verfeinern, um eine Art Harmonie mit dem Universum zu erreichen. Das Verständnis der naturwissenschaftlichen Rahmenbedingungen wird Ihnen dabei helfen, die ersten Stufen auf der Leiter zum Risotto-Meister zu überspringen.

Die Reiskörner in einem perfekten Risotto sind gerade noch bissfest, ihre Oberfläche ist glatt und intakt. Deswegen sollte man den Reis zu Beginn einige Minuten mit wenig Butter oder Öl rösten, sodass etwas Fett in die Randschichten der Körner eindringen kann. Die Reiskörner im fertigen Risotto sind von einer cremigen Flüssigkeit umgeben; wenn Sie einen Teller mit dem fertigen Risotto leicht schütteln, verteilt sich der Reis über den ganzen Teller, die Oberfläche wird glatt.

Auf die cremige Flüssigkeit kommt es an: Während des Kochens gibt der Reis nach und nach mikroskopisch kleine Stärkekörner an die Brühe ab, diese Stärkekörner quellen bis zum Hundertfachen ihrer ursprünglichen Größe auf und behindern dadurch die Bewegung der Wassermoleküle. Gleichzeitig platzen einige Stärkekörner auf. Der wasserlösliche Teil der Stärke – lang gestreckte, in sich gedrehte Amylosemoleküle – verteilt sich im Wasser. Die Amylosemoleküle lagern über elektrische Anziehungskräfte (Wasserstoffbrückenbindungen) Wassermoleküle an, verknäulen sich untereinander und bremsen dadurch sowohl Wasser als auch Stärkekörner.

Dieses Netz aus Wasser und Stärke reagiert empfindlich auf plötzliche Temperaturveränderungen und mechanischen Stress. Das heißt: Erstens muss die Brühe, die Sie zugeben, genauso heiß sein wie der Reis, und zweitens dürfen Sie nicht zu stark rühren.

Gabriele Ferron, der Inhaber und Küchenchef einer der ältesten und besten Reismühlen Italiens, der Riseria Ferron in Verona, kocht den Risotto nach einer modernen »eurasischen« Methode. Der angeschwitzte, abgelöschte Reis wird mit der doppelten Menge heißer Brühe aufgegossen. Anschließend quillt der Reis in einem schweren Kupfertopf mit gut schließendem Deckel auf kleinster Flamme 16 Minuten aus. Dann nimmt Signor Ferron den Topf vom Herd, gibt noch etwas heiße Brühe, geriebenen Käse und kalte Butter oder Öl dazu, emulgiert den Risotto unter sanftem Rühren und lässt ihn mit geschlossenem Deckel 2 bis 3 Minuten nachziehen, danach wird er sofort serviert.

Risotto mantecato (Foto S. 41)

Michel Magada, ein Risotto-Meister der klassischen Schule, kommt aus dem elsässischen Marckolsheim am Rhein. Hier sein Grundrezept.

300 g Risottoreis, 3 EL Butter, 4 EL Weißwein, 1 l Brühe, 3 EL geriebener Parmesan, Salz, Pfeffer

Den Reis mit 1 EL Butter unter Rühren 2 – 3 Minuten rösten. Den heißen Reis mit Weißwein ablöschen, vollständig einkochen. Die Brühe aufkochen und warm halten. Nach und nach zum Risotto geben, dabei mit einem Holzlöffel immer wieder sanft umrühren, sodass alle Reiskörner gleichmäßig von einer cremigen Schicht überzogen werden.

Nach 18 – 20 Minuten ist der Reis fertig. Den Risotto vom Herd nehmen, 2 EL kalte Butterstückchen und den Parmesan unterrühren, um die Risottocreme zusätzlich zu emulgieren. Mit Salz und Pfeffer abschmecken, auf vorgewärmte Teller verteilen und sofort servieren.

Die Variationsmöglichkeiten sind fast unbegrenzt, eine der bekanntesten ist der Risotto milanese, bei dem einige Safranfäden zusammen mit der Brühe aufgekocht werden. Mein Frühlingsfavorit: Zum Schluss ca. 10 Blätter fein geschnittenen Bärlauch und 4 EL geriebenen Mimolette (ein orangefarbener, würziger Halbhartkäse) unter den Reis rühren.

Risotto mit Kaninchen

1 Schalotte, 200 g Pilze, 1 Bund Petersilie, 300 g Risottoreis, 2 EL Butter, 1 l Brühe, 250 g Kaninchenrückenfilet, Salz, Pfeffer, 1 EL Olivenöl, 2 Thymianzweige, 2 Knoblauchzehen, 4 EL Rotwein, 2 EL kleine Oliven, 2 EL Crème fraîche

Schalotte schälen, die Pilze putzen und beides klein würfeln. Petersilie zupfen, die Blättchen hacken. Den Reis mit 1 EL Butter unter Rühren 2 – 3 Minuten rösten. Nach und nach heiße Brühe zugeben, dabei mit einem Holzlöffel immer wieder sanft umrühren.

Während der Reis kocht, das Kaninchenfilet würzen und in einer Pfanne mit 1 EL Olivenöl bei mittlerer Hitze von beiden Seiten je 2 – 3 Minuten braten. Die Blättchen von 1 Thymianzweig abstreifen und mit 1 Knoblauchzehe fein hacken – Sie können gleichzeitig schon 1 gequetschte Knoblauchzehe und 1 Thymianzweig mit in die Pfanne geben. Gehackten Thymian und Knoblauch zugeben, kurz mitbraten, dann die Pilze in die Pfanne geben. 1 Minute dünsten, mit Rotwein ablöschen, etwa 100 ml von der Brühe zugeben, 2 Minuten einkochen, Oliven dazugeben. Kaninchen aus der Pfanne nehmen, in Scheiben schneiden.

Risotto nach 18 Minuten vom Herd nehmen. Pilze, Petersilie, 1 EL kalte Butterstückchen und die Crème fraîche einrühren, abschmecken und auf vorgewärmte Teller verteilen. Das Fleisch auf dem Reis verteilen und sofort servieren.

RISOTTO MIT KANINCHEN

Sommer-Risotto mit Kopfsalat und Mozzarella

Manche Köche halten den traditionellen Weißweinspritzer für verfehlt, mit dem der Reis abgelöscht wird. Der Garvorgang würde dadurch gestört (siehe auch S. 50, »Linsen mögen keinen Essig«). Andererseits tut ein wenig frische Säure dem Risotto gut, den Wein aber einfach zum Schluss zuzufügen geht auch nicht. Die Säuren des Weins müssen eine Weile gekocht und dabei teilweise zersetzt werden, sonst schmeckt der Wein »roh«. Die Lösung ist eine »burro acido« – eine Art kalter Buttersauce, mit der Sie den Risottoreis verfeinern können.

1 Schalotte, 10 Pfefferkörner, 100 ml Weißwein, 4 EL kalte Butter, 300 g Risottoreis, 1 l Brühe, 1 kleiner Kopfsalat, 250 g frische Erbsenschoten, 3 – 6 Sardellenfilets, 125 g Mozzarella

Schalotte schälen und fein schneiden, Pfefferkörner quetschen. Mit dem Weißwein in einem möglichst kleinen Topf sirupartig auf 2 EL einkochen. Durch ein Sieb gießen, nach und nach 3 EL Butterstückchen unterschlagen, kalt stellen. Sie können auch größere Mengen »burro acido« vorbereiten und portionsweise einfrieren.

Risottoreis mit 1 EL Butter unter Rühren 2 – 3 Minuten rösten. Die Brühe aufkochen und warm halten. Nach und nach zum Risotto geben, dabei mit einem Holzlöffel immer wieder sanft umrühren.

Während der Reis kocht, den Salat putzen und in Streifen schneiden, Erbsenschoten auspalen, Sardellenfilets fein schneiden. Mozzarella klein würfeln.

Nach 16 Minuten Erbsen, Kopfsalat und Sardellen unter den Reis rühren, 2 – 4 Minuten fertig garen. Den Risotto vom Herd nehmen, »burro acido« einrühren, abschmecken, anrichten, mit Mozzarella bestreuen und sofort servieren.

SOMMER-RISOTTO

Babykost für Erwachsene

Risotto, Teil II

Der Siegeszug des italienischen Risotto repräsentiert die wichtigsten gesellschaftlichen Veränderungen, die heute in Deutschland zu Trägheit und Mutlosigkeit führen, aber auch die Chancen für ihre Überwindung bergen. Bei meinen Überlegungen stütze ich mich vor allem auf die Erkenntnisse der Motivationsforscherin Dr. Helene Karmasin in ihrem spannenden Buch »Die geheime Botschaft unserer Speisen«.

Schlabbern, einsaugen, schlürfen oder lutschen – Risotto essen gehört zu den passiven Arten der Nahrungsaufnahme, wie sie Kleinkinder anwenden, die noch keine Zähne haben. Weiche und feuchte Gerichte bilden für Babys den wichtigsten Kontakt zu ihrer Umwelt und stehen ganz wörtlich für »Liebe, die durch den Magen geht«. Auch Erwachsene assoziieren mit Pudding, Püree und Risotto passiv-narzisstische Genüsse wie Trost, Mutterliebe, Verwöhntwerden.

Um in unserer Welt des globalisierten Wettbewerbs zu bestehen, ist es aber manchmal wichtig, sich durchzubeißen – durch Probleme, längere Texte oder feste Nahrung. Manchmal hilft dabei ein Messer. Hierarchisch gegliederte, männlich dominierte Industriegesellschaften spiegeln sich in der klaren Struktur klassischer Hauptgänge: Ein festes, männliches Stück Fleisch wird mit einer weichen, weiblich-pflanzlichen Beilage und einer flüssigen Sauce kombiniert. Der Braten wird von erwachsenen Männern zerschnitten und verteilt.

BABYKOST FÜR ERWACHSENE

Die zunehmende Verbreitung von amorphen Speisen wie Nudeln oder Risotto zeigt die Veränderung der alten gesellschaftlichen Strukturen. Im Risotto spiegeln sich unsere wenig strukturierten, freieren, vernetzten sozialen Zusammenhänge. Um diese neuen, schnell veränderbaren Strukturen zu nutzen und gleichzeitig wieder einen aktiven, erwachsenen Blick auf die Möglichkeiten und Probleme unseres Lebens zu bekommen, sollten wir neue Speisen entwickeln. Speisen, die gleichzeitig weich und warm sind, trotzdem Biss haben und vielleicht manchmal auch ein bisschen bitter schmecken.

Risotto mit Rinderrücken und Radicchio

Aus therapeutischen Gründen können Sie in den nächsten Jahren auch zähere Fleischstücke verwenden, auch die Keule eines selbst geschossenen Hirsches eignet sich hervorragend.

750 g Rinderrücken am Stück, Salz, Pfeffer, 4 EL Olivenöl, 1 l Brühe, 300 g Risottoreis, ½ Kopf Radicchio, 100 ml Rotwein, 1 Bund Petersilie, 3 EL geriebener Käse

Rinderrücken würzen und mit 1 EL Olivenöl in einer ofenfesten Pfanne von allen Seiten insgesamt 8 Minuten anbraten. Die Pfanne bei 200 Grad für 12 – 15 Minuten in den Ofen schieben.

Brühe aufkochen, Reis mit 1 EL Olivenöl 2 – 3 Minuten anschwitzen. Radicchio in Streifen schneiden, kurz mitdünsten und mit Rotwein ablöschen. Nach und nach die heiße Brühe zugeben, auf kleiner

Risotto mit Kutteln

Dies ist zwar ein Konzept-Rezept, eine Prüfung – schmeckt aber trotzdem sehr gut.

500 g vorgekochte Kutteln, Salz, 4 EL Essig, 1 Möhre, 1 Zwiebel, 1 Selleriestängel, 60 g Speck, 300 g Risottoreis, 4 EL Rotwein, 200 g passierte Tomaten, 900 ml Brühe, 2 EL kalte Butter, 3 EL geriebener Parmesan, 6 gehackte Minzeblätter

Kutteln waschen und 20 Minuten in einem großen Topf mit Wasser, Salz und Essig kochen. Die Kutteln herausnehmen, in kaltem Wasser abschrecken und dann in dünne Streifen schneiden. Möhre, Zwiebel, Selleriestängel und Speck klein würfeln. Den Speck bei milder Hitze im Risottotopf auslassen, Kutteln und Gemüse 10 Minuten mit dem Speck rösten, ab und zu umrühren.

Reis zugeben, nach 2 – 3 Minuten mit Rotwein ablöschen, vollständig einkochen. Tomaten und, nach und nach, die heiße Brühe zugeben. Dabei immer wieder sanft umrühren. Nach 18 – 20 Minuten ist der Reis fertig. Den Risotto vom Herd nehmen, kalte Butterstückchen und frisch geriebenen Parmesan unterrühren, abschmecken, anrichten, mit Minze bestreuen und sofort servieren.

Flamme kochen, ab und zu umrühren. Während der Risotto noch gart, das Fleisch aus dem Ofen holen und auf einem Teller ruhen lassen. Den Bratensatz mit etwas Brühe lösen und zusammen mit den beim Ruhen ausgetretenen Säften zum Reis geben. Petersilie hacken, mit restlichem Olivenöl und Käse unterrühren. Das Fleisch in Streifen schneiden, mit dem Risotto anrichten.

Zitronen-Risotto mit knusprigen Sardinchen

250 g Aquadelle (sehr kleine »Ährenfische«, die mit Kopf und Gräten gegessen werden; Alternative: Seppioline, also Baby-Tintenfische), 1 l Brühe, 250 g Risottoreis, 1 EL Olivenöl und neutrales Öl zum Frittieren, Salz, 3 – 4 Zweige Zitronenverbene (Alternative: Zitronenthymian), 3 Schalotten, 1 EL Olivenöl, 1 Bio-Zitrone, 4 EL Dickmilch, Kümmel

Aquadelle waschen, abtropfen lassen und mit Küchenpapier trockentupfen. Die Brühe aufkochen. Reis mit 1 EL Olivenöl unter Rühren 2 – 3 Minuten rösten. Nach und nach die heiße Brühe zugeben, dabei mit einem Holzlöffel immer wieder sanft umrühren. Nach 18 – 20 Minuten ist der Reis fertig.

In der Zwischenzeit einen breiten Topf oder einen Wok ca. 4 cm hoch mit Öl füllen und erhitzen, bis ein hineingeworfenes Kräuterblättchen sofort beginnt zu sprudeln. Die Fische in einem Sieb mit Mehl bestäuben, überschüssiges Mehl abschütteln. Die Fische in 2 Portionen nacheinander bei großer Hitze je 4 – 5 Minuten knusprig frittieren. Mit einem Sieblöffel aus dem Öl nehmen, auf Küchenpapier abtropfen lassen, salzen.

Zitronenverbene zupfen, größere Blätter grob hacken. Schalotten fein schneiden, mit 1 EL Olivenöl dünsten. Zitronenschale abreiben, den Saft auspressen, beides zu den Schalotten geben und sirupartig einkochen.

Den Risotto vom Herd nehmen, Zitronenmischung und Dickmilch unterrühren. Mit Salz und einer Prise Kümmel abschmecken, auf vorgewärmte Teller verteilen, mit Fischen und Kräutern bestreuen und sofort servieren.

Im Zitronen-Risotto sollen die Reiskörner in einer frischen Zitronencreme schwimmen – fast als wäre es ein heißer Salat, deshalb ist unser Reis noch flüssiger als sonst. Zitronenverbene unterstützt das Aroma der Sauce. Gebündelt gibt es sie selten im Handel, weil die Blätter schnell braun werden. Am besten besorgen Sie sich ein Pflänzchen und kultivieren es selbst. Verbene ist eine große Bereicherung für die Küche!

Verbena citriodora kam als Zierpflanze aus Chile oder Peru, dort wird der Busch 5 – 6 Meter hoch, im Topf erreichen die Pflanzen nach einigen Jahren 1 – 1,5 Meter. Pflanzzeit ist im Herbst oder – besser – im Frühjahr. Zitronenverbenen vertragen leichte Fröste bis –8 Grad. Nach dem ersten Nachtfrost werfen die Pflanzen ihre Blätter ab, Sie können sie dann im kühlen, dunklen Keller überwintern (ab und zu gießen) – im Mai treiben die kleinen Büsche wieder aus.

ZITRONEN-RISOTTO

Linsen mögen keinen Essig

Ob in Schwaben, Italien oder Indien – Linsen werden oft sauer serviert. Dabei vertragen Linsen überhaupt keine Säure. Die Hülsenfrüchte bestehen aus einer stabilen Hülle, Ballaststoffen wie Zellulose und Pektin – reichlich Eisen ist auch dabei. Gefüllt sind Linsen mit jeweils einem Keimling aus Stärke und Eiweiß. Beim Kochen wird die harte Hülle durchlöchert: Das Zellulosegerüst bleibt stabil, die Pektine werden teilweise gespalten und aufgelöst. Kochwasser dringt in die Linse ein, die Stärkekörner werden weich, verkleistern und binden dabei sehr viel Wasser.

Drei Regeln sollten Sie beachten, damit Ihre Linsen immer gut und gleichmäßig weich werden: kein Essig, kein Salz, kein Kalk.

LINSEN MÖGEN KEINEN ESSIG

Kein Essig: Säuren sind ein echtes Problem, denn Pektine bleiben in saurer Umgebung lange stabil. Diese Eigenschaft der Pektine hilft zwar beim Gelieren von Konfitüre, verhindert aber, dass Linsen weich werden. Es darf kein Essig, kein Wein, keine Tomate und kein Zitronensaft an die Linsen, bevor sie gar sind. Besonders Eilige geben sogar eine Messerspitze Backpulver ins Kochwasser, das schafft ein leicht alkalisches Klima, die Linsen garen schneller.

Kein Salz: Fällt im Wasser die Salzkonzentration niedriger aus als die natürliche Salzkonzentration in den Linsen, strebt Flüssigkeit in die Linsen hinein, um dort die Salzkonzentration auf ein ähnliches Niveau wie außerhalb abzusenken. Ist zu viel Salz im Wasser, kann kein Wasser mehr in die Pflanzenzellen eindringen. Sie sollten Ihre Linsen also in ungesalzenem Wasser kochen, eine schwach gesalzene aromatische Brühe schadet aber auch nicht.

Kein Kalk: Der kann sich mit Pektinmolekülen verbinden und dadurch die Zellwände zusätzlich stabilisieren. Kalkhaltiges Wasser verhindert zwar nicht, dass die Linsen weich werden – in Gegenden mit sehr hartem Wasser, wie zum Beispiel München, wird Ihr Linseneintopf aber etwas schneller fertig, wenn Sie enthärtetes Wasser verwenden.

LINSEN MÖGEN KEINEN ESSIG

Kräuter-Linsen

Es gibt viele verschiedene Linsensorten – grundsätzlich können Sie alle verwenden, die Garzeiten sind teilweise etwas unterschiedlich. Besonders berühmt für ihren feinen Geschmack sind die kleinen grünen Linsen aus »Le Puy« in der Auvergne oder die ebenfalls kleinen, aber bunten Linsen aus »Castelluccio« in Umbrien.

250 g Linsen, 200 g Möhren, 200 g Petersilienwurzel, 200 g Lauch, 2 – 3 Knoblauchzehen, 2 – 3 Zweige Rosmarin (oder Thymian oder Salbei), 2 EL Butter, 100 ml Balsamessig, 6 EL passierte Tomaten (oder 1 gewürfelte Tomate), 1 Bund Kräuter (Dill, Koriander oder Schnittlauch)

Linsen in einer Schüssel mit lauwarmem Wasser mindestens 4 Stunden quellen lassen (siehe auch die Packungsanweisung). Linsen abgießen, mit 1 l kaltem Wasser (oder Brühe) auf den Herd setzen, langsam zum Kochen bringen, bei milder Hitze in 20 – 25 Minuten gerade eben weich kochen. Falls die Flüssigkeit nicht reicht, warmes oder heißes Wasser nachgießen.

Während die Linsen kochen, die Sauce zubereiten: Möhren, Petersilienwurzel und Lauch zusammen mit den Knoblauchzehen schälen und klein schneiden. Rosmarinnadeln abstreifen und hacken. Alles zusammen in Butter 2 Minuten anbraten. Mit Balsamessig löschen und – wichtig – gleich etwas einkochen. Tomaten zufügen, die Sauce würzen. Linsen zugeben, kleine Mengen Kochwasser kommen mit dazu. Einige Minuten kochen lassen, bis sich die Aromen gut vermischt haben. Vielleicht ein Stück Butter oder einen Schuss Sahne zugeben. Kräuter fein schneiden, unterrühren und kräftig abschmecken. Mit oder ohne Würstchen servieren.

Saiblingsfilet mit Lauch-Linsen-Sauce

100 g Linsen, 400 ml Brühe, 400 ml Fischfond (oder Brühe), 100 ml Weißwein, 1 Stange Lauch, 600 g Saiblingsfilet (wenn möglich mit Haut; Alternativen: Zander-, Wolfsbarsch- oder geschupptes Lachsfilet), Salz, Pfeffer, 2 EL Butter, 100 g Crème fraîche, evtl. 2 EL Saiblings- oder Forellenkaviar

Linsen einweichen (siehe links), mit der Brühe aufkochen, ca. 25 Minuten garen. Fischfond mit Weißwein um zwei Drittel einkochen. Lauch der Länge nach halbieren, ledrige, dunkelgrüne Teile und die Wurzeln entfernen. Gründlich waschen, der Länge nach in Streifen, dann in kleine Quadrate schneiden und 2 Minuten im reduzierten Fischfond kochen, beiseite stellen.

Saiblingsfilet salzen, pfeffern und in einer beschichteten Pfanne auf der Hautseite mit 2 EL Butter 4 – 6 Minuten auf mittlerer Flamme knusprig braten. Wenden und 2 Minuten fertig garen. Kurz ruhen lassen. Unterdessen Lauch und Fischfond erneut aufkochen, die Linsen zugeben, abschmecken. Die Sauce vom Herd nehmen, Crème fraîche und Kaviar unterrühren und mit den Fischfilets servieren.

»Dazu passen Kartoffelnudeln (Rezept S. 68)
oder Salzkartoffeln am besten.«

Currymischungen (ohne Foto)

Es macht unglaublichen Spaß eigene Currymischungen herzustellen, hier zwei einfache Rezepte für den Anfang.

½ TL schwarze Pfefferkörner, ½ TL Kreuzkümmel, ½ TL Kardamomsamen,
4 TL Koriandersamen, 2 – 3 getrocknete und zerbröselte Chilischoten,
5 EL Kurkumapulver, 1 EL Ingwerpulver,
½ EL gemahlene Macisblüte (Muskatblüte)

Pfeffer, Kreuzkümmel und Kardamom mit dem Koriander und den Chilischoten in einem Topf ohne Fett rösten bis die Gewürze duften, dabei ständig umrühren. Vom Herd nehmen, Kurkuma, Ingwerpulver und Macisblüte in die heiße Gewürzmischung rühren.

Abkühlen lassen und fein mahlen – das geht in einer Gewürzmühle, einer elektrischen Kaffeemühle, im Mörser oder in einem hohen, schlanken Becher mit dem Pürierstab (unbedingt mit einem Tuch um den Stab herum zudecken, damit es nicht staubt). In einem kleinen Gläschen aufbewahren.

Ayurvedisches Energiegewürz

1 EL Pfeffer, 1 EL Fenchelsamen, 1 EL Kümmel, 6 Nelken, 4 getrocknete und zerbröselte Chilischoten, ½ g Safranfäden (= 1 TL),
2 EL Ingwerpulver, 1 TL Zimt

Pfeffer, Fenchel, Kümmel und Nelken mit den Chilischoten in einem Topf ohne Fett rösten bis die Gewürze duften. Vom Herd nehmen, Safran, Ingwer und Zimt in die heiße Gewürzmischung rühren. Abkühlen lassen und wie oben mahlen und aufbewahren.

Verwenden Sie die Gewürzmischung immer da, wo Sie sonst mit Pfeffer würzen würden, das gibt manchen Gerichten eine neue Geschmacksrichtung, passt so gut wie immer – und bringt Ihren gesamten Stoffwechsel in Schwung.

Schwarze Kokos-Linsen

Indien ist das Land der Linsen – meistens werden dort die Linsen zu einem Brei verkocht, entweder mit sehr langen Garzeiten oder mit geschälten Linsen. Geschälte Linsen – oft rot oder gelb – zerfallen so schnell, dass Sie unsere »Linsenregeln« vernachlässigen können. Im Gegenteil: Für ein Linsengemüse aus roten oder gelben Linsen ist es sinnvoll, zu Beginn der Garzeit ein paar Tropfen Essig zuzugeben, dann fransen die Linsen an den Rändern nicht so aus.

250 g schwarze Linsen (indisch: urad),
1 Zwiebel, 2 Knoblauchzehen, 4 cm Ingwerwurzel, 200 ml Kokosmilch, 2 Tomaten,
1 – 3 Chilischoten (oder mehr, in Indien würde man die 10fache Menge verwenden),
1 EL Koriandersamen, 1 EL Garam Masala (indische Gewürzmischung für Currys oder eine der Currymischungen links), Salz,
1 Bund Koriander

Linsen über Nacht einweichen, abgießen und mit 1 l kaltem Wasser (oder Brühe) auf den Herd setzen. Langsam zum Kochen bringen, bei milder Hitze in ca. 60 Minuten weich kochen. Falls die Flüssigkeit nicht reicht, warmes oder heißes Wasser nachgießen.

In der Zwischenzeit Zwiebel, Knoblauch und Ingwer schälen und hacken. Mit 4 EL Kokosmilch dünsten. Tomaten würfeln, Chilischoten fein schneiden. Sobald die Flüssigkeit aus der Kokosmilch verdunstet ist, beginnen die Gewürze zu braten – Sie hören das am Brutzel-Geräusch. Jetzt die Chilis, Koriandersamen und Garam Masala zu der Zwiebelmischung geben, salzen und 2 Minuten unter Rühren braten.

Tomaten und Linsen zugeben, 20 Minuten kochen, bis die Linsen beginnen zu zerfallen – oft umrühren. Restliche Kokosmilch zugeben, abschmecken und in Schalen verteilen. Die Korianderblättchen abzupfen, über die Linsen streuen, servieren. Als Beilage, z. B. für gebratenes Lamm, reichen die Linsen für 6 – 8 Personen.

KOKOS-LINSEN

Sofritto – Brennen für die Sauce

SOFRITTO – BRENNEN FÜR DIE SAUCE

Der Ruhm der italienischen Küche rührt zu großen Teilen von der Anwendung eines kleinen Tricks her: Was auch immer Sie kochen – machen Sie zuerst ein Sofritto.

Das beste Beispiel ist die sizilianische Tomatensauce: Mamma Maria (siehe S. 158) hackt etwas Knoblauch, Chili und dickblättrige Kräuter wie Rosmarin, Thymian oder Salbei. Diese Gewürze röstet sie dann mit einem kräftigen Schuss Olivenöl an, bis es in der ganzen Küche duftet – fertig ist das Sofritto. Jetzt erst gibt Maria Tomatenwürfel und immer wieder ein bisschen Nudelwasser in die Sauce, so lange, bis die Nudeln fertig sind. Dann gießt sie die Nudeln ab, mischt sie auf dem Herd mit der Sauce und kocht alles noch einmal kurz auf, damit sich Nudeln und Sauce gut verbinden.

Während Sie die Gewürze fein hacken, vergrößern Sie dabei vor allem deren Oberfläche. Also die Fläche, aus der vorhandene Aromastoffe austreten können, aber auch die Fläche, auf der sich neue Aromastoffe bilden. Im heißen Olivenöl passiert dann Folgendes:

1. Sobald das Wasser an der Oberfläche der Kräuter verdunstet ist, steigt dort die Temperatur über 100 Grad an – dabei bilden sich aus Proteinen und Kohlenhydraten in den Zellen und Zellwänden die unterschiedlichsten Farb-, Röst- und Aromastoffe. Später lösen sich die meisten davon im wässrigen Teil der Sauce.

2. Durch die Hitze verdampft das Wasser in den Pflanzenzellen, die dabei überwiegend gesprengt werden. Der entweichende Wasserdampf reißt ätherische Öle mit sich, die den Duft der Kräuter ausmachen. Diese ätherischen Öle sind sehr leichtflüchtig und würden sich vor allem in der Luft und weniger in der Sauce verteilen. Glücklicherweise lösen sich ätherische Öle gut im viel schwerer flüchtigen Olivenöl und bleiben dadurch der Sauce erhalten. Gäben Sie diese Gewürze direkt in eine kochende Flüssigkeit, verflöge ein Großteil des Geschmacks.

Auch Capsaicin, der Stoff, der Chili scharf macht, ist fettlöslich. In schlimmen Fällen von zu scharfem Essen hilft Gurgeln mit Olivenöl. Ein kräftiger Schluck kalter Weißwein hilft allerdings auch, denn Capsaicin löst sich auch in Alkohol.

Mamma Marias Trick verwenden übrigens auch die Inder – für ihre Currygerichte.

SOFRITTO – BRENNEN FÜR DIE SAUCE

Spaghetti mit Tomaten-Spinat-Sauce

Während meiner Koch-Lehre hatte ich immerhin gelernt, dass Tomaten für die Sauce frisch sein sollten und nicht ewig gekocht werden. Außerdem, dass Tomatensauce keine Gemüsesauce ist – Zwiebeln, Sellerie und Karotten also nichts darin zu suchen haben. Abgesehen davon haben wir damals immer ein dickes Stück französische Butter in die Sauce gerührt, im Rückblick völlig indiskutabel. Nach zehn Jahren Kochen in Zwei- und Dreisternerestaurants kam Erleuchtung erst bei Mamma Maria in Sizilien (siehe S. 158). Schön, dass die einfachsten Gerichte oft genauso komplex sind wie scheinbar komplizierte Rezepte der »Haute Cuisine«.

2 Knoblauchzehen, 1 – 2 Chilischoten, 300 g reife Tomaten, 4 EL Olivenöl, Salz, Pfeffer, 200 g Blattspinat (frisch oder TK), 400 g Spaghetti, 1 EL Butter, 100 g fester Ricotta

Einen großen Topf mit Salzwasser zum Kochen bringen, in der Zwischenzeit die Nudelsauce zubereiten: Knoblauch schälen und mit der Chilischote fein hacken. Tomaten waschen und in Würfel schneiden, dabei den Stielansatz entfernen. Knoblauch und Chili kurz mit Olivenöl rösten, Tomaten zugeben, mit Salz und Pfeffer würzen und 10 Minuten bei wenig Hitze kochen lassen. Spinat gründlich waschen und putzen, grobe Stiele entfernen. Spinatblätter in breite Streifen schneiden, 5 Minuten in der Tomatensauce kochen.

Die Nudeln nach Packungsanweisung bissfest kochen. Kurz bevor die Nudeln fertig sind, 4 – 6 EL Nudelwasser in die Sauce geben. Nudeln abgießen – nicht abschrecken – und sofort mit der Sauce mischen. Mit Salz und Pfeffer abschmecken, auf Teller verteilen. Ricotta über die Nudeln bröseln und servieren.

Tomatensauce mit Speck und Rotwein

Es gibt natürlich keine unumstößlichen Wahrheiten in der Küche. Auch Tomatensaucen mit Zwiebeln, Butter oder sogar Mehl können sehr gut schmecken. Hier eine Variante mit Speck und Zucker.

½ Bund Thymian, 3 – 5 Knoblauchzehen, 50 g geräucherter Speck, 1 EL Zucker, 150 ml Rotwein, 600 g Tomaten, Salz, Pfeffer, 1 Bund Basilikum

Thymianblättchen abstreifen und hacken. Knoblauch schälen und in Scheiben schneiden. Den Speck klein würfeln und bei milder Hitze in einem kleinen Topf auslassen. Thymian, Knoblauch und Zucker zugeben. Braten, bis der Zucker beginnt zu karamellisieren. Mit Rotwein ablöschen und um die Hälfte einkochen. Tomaten würfeln und zum Rotwein geben. Salzen, pfeffern und 15 Minuten kochen. Abschmecken (eventuell mixen). Basilikum zupfen und zugeben. Die Sauce passt am besten zu Gnocchi (Rezept S. 68) oder kurzen Nudeln.

TOMATENSAUCEN

Strozzapreti mit Ragù

Manchmal heißen sie auch »Strangola Preti«. Es gibt verschiedene Erklärungen für die »Priesterwürger«: In Zeiten regelmäßiger Hungersnöte und gleichzeitiger Völlerei in den Klöstern gab es das Sprichwort »Chi mangia solo si strozza« – »Wer nur ans Essen denkt, erwürgt sich«. Vielleicht kommt der Name aber auch von der Art und Weise, wie die Nudeln abgedreht werden. Das Rezept ist wunderbar, Sie sollten sich für das Drehen der Nudeln aber ein paar helfende Hände suchen, sonst dauert es ewig. Die Sauce schmeckt auch mit Penne oder Orecchiette sehr gut.

Für den Teig: 400 g Mehl, 250 ml Wasser

Aus Mehl und Wasser einen elastischen Teig kneten. Nach 5 – 10 Minuten hört der Teig auf zu kleben. Eine Arbeitsfläche mit Mehl bestäuben, den Teig darauf 5 mm dick ausrollen. Mit einem Teigrad oder einem Messer in 5 cm breite Bänder schneiden.

Von jedem Teigstück dünne Streifen abschneiden, zwischen die bemehlten Handteller nehmen und zu dünnen Nudeln mit spitzen Enden rollen. Nudeln nebeneinander auf einem mit Mehl bestäubten Tuch ruhen lassen, bis alle fertig sind – nicht zu lange, damit die Nudeln nicht zusammenkleben. Die Nudeln in einem großen Topf mit Salzwasser 5 – 6 Minuten kochen.

Für die Sauce: 500 g Rehkeule (Alternativen: Hirsch, Kalb), 2 EL Öl, 4 Schalotten, 4 Knoblauchzehen, 200 g Möhren, 1 kleine Quitte (oder Birne), 1 TL Wacholderbeeren, 2 EL Butter, Salz, Pfeffer, 4 EL passierte Tomaten, 300 ml Rotwein, 2 Lorbeerblätter, 250 g Pfifferlinge, 1 Rosmarinzweig, 1 – 2 EL Quittengelee

Rehfleisch möglichst klein würfeln, mit 1 EL Öl mischen. Schalotten, Knoblauch und Möhren schälen und klein würfeln. Die Quitte waschen und würfeln. Wacholderbeeren grob hacken.

In einer großen, schweren Pfanne 1 EL Öl erhitzen, das Fleisch darin bei großer Hitze hellbraun anbraten. Wenn die Pfanne zu klein oder zu leicht ist, tritt erst Wasser aus dem Fleisch aus, das verdunsten muss, bevor das Fleisch beginnt, braun zu werden. 1 EL Butter zugeben, aufschäumen, Gemüsewürfel und Wacholder zugeben. Kurz mit dem Fleisch braten. Mit Salz und Pfeffer würzen und dann mit Tomatenpüree und einem Schuss Rotwein löschen. Bei großer Hitze einkochen, bis das Ragù wieder beginnt zu brutzeln, erneut ablöschen. So lange wiederholen, bis der Wein verbraucht ist.

Die Lorbeerblätter zum Ragù geben. Nach und nach ca. 500 ml Wasser zugeben, insgesamt 45 Minuten zugedeckt schmoren. Am Ende der Garzeit soll die Flüssigkeit stark eingekocht sein. In der Zwischenzeit die Pilze putzen, Rosmarinnadeln hacken. Zusammen mit 1 EL Butter 3 Minuten braten. Die Pilze mit dem Quittengelee unter die Sauce rühren, abschmecken und mit den Nudeln mischen.

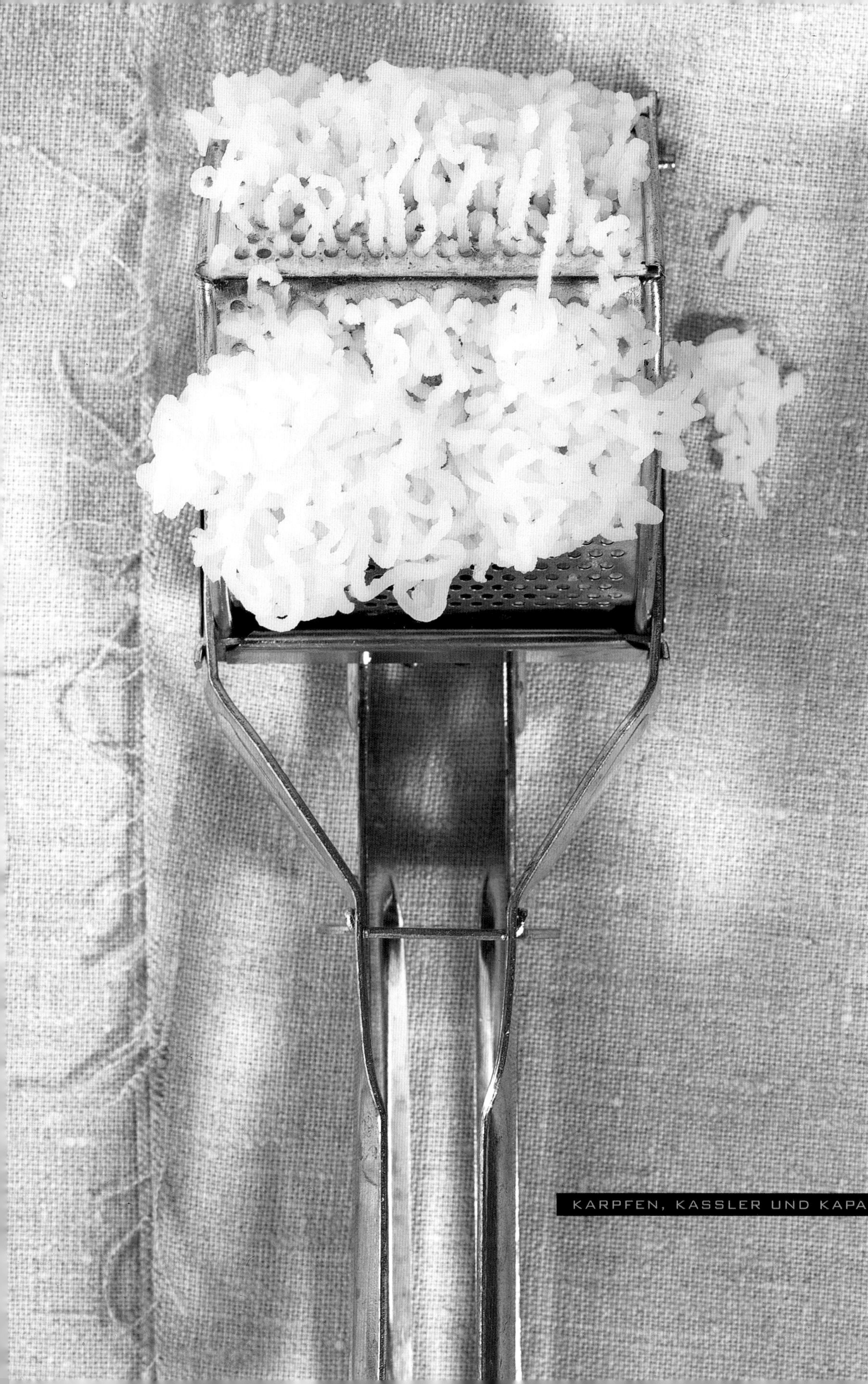

KARPFEN, KASSLER UND KAPAUN ...

Kartoffelpüree (Foto S. 65)

Die Körnung ist Geschmackssache: Für ein grobes Kartoffelpüree sollten Sie die Kartoffeln mit der Gabel oder einem Kartoffelstampfer pürieren, für ein feines Püree ist die Kartoffelpresse geeignet. Glatt wie ein Babypopo wird Ihr Püree, wenn Sie die Kartoffeln mit einer Teigkarte durch ein großes flaches Passiersieb drücken – nicht zu sehr streichen, die Kartoffeln sollten unter dem Sieb aussehen wie frisch gefallener Pulverschnee.

1,25 kg mittelgroße Kartoffeln, 250 – 300 ml Milch (oder Sahne), Salz, Muskat, 1 EL Butter

Kartoffeln in Salzwasser 20 – 30 Minuten kochen. Milch zum Kochen bringen, sodass sie heiß ist, wenn Sie die Kartoffeln gepellt haben. Die Flüssigkeit kräftig mit Salz und Muskat würzen – Pfeffer ist verboten, Puristen verzichten sogar auf Muskat. Die Milch soll leicht versalzen schmecken.

Die Kartoffeln abgießen, pellen und pürieren, in den Topf mit der heißen Milch geben. Butterflokken dazugeben, abschmecken und servieren.

Ofenkartoffelpüree

Manchmal gare ich die Kartoffeln fürs Püree im Ofen, dabei verdunstet etwas Wasser aus der Knolle, der Geschmack wird leicht rauchig und konzentriert – die Kartoffelschalen, die dabei übrig bleiben, können Sie knusprig frittieren und mit dem Püree servieren.

1,5 – 2 kg größere Kartoffeln, 200 – 250 ml Milch (oder Sahne), Salz, Muskat, 2 EL Butter

Kartoffeln waschen und mit einer Nadel einige Male einstechen, damit die Knollen nicht im Ofen explodieren. Auf ein Backblech legen und bei 180 Grad Umluft je nach Größe 40 – 80 Minuten garen. Milch zum Kochen bringen, kräftig mit Salz und Muskat würzen, die Milch soll leicht versalzen schmecken.

Die Kartoffeln aus dem Ofen nehmen, halbieren und mit einem Löffel auskratzen – dabei unbedingt Küchenhandschuhe oder Topflappen benutzen. Kartoffelfleisch mit einer Gabel grob pürieren, vorsichtig mit der Milch mischen und 2 EL Butterflocken dazugeben.

Am einfachsten merken Sie, ob Ihre Kartoffeln gar sind, wenn Sie mit einer Rouladennadel hinein stechen. Und wenn Sie sowieso ein Päckchen Rouladennadeln anschaffen, haben Sie damit gleichzeitig das beste Thermometer um den Garpunkt kleinerer und größerer Fleischstücke zu prüfen: Mit der Nadel in die Mitte des Steaks oder Bratens stechen, bis fünf zählen und dann die Nadel an die Oberlippe halten. Sobald die Nadel sich fast zu heiß anfühlt, ist das Fleisch rosa gebraten. Nur wenn Sie Ihr Fleisch immer beim selben Metzger kaufen, der das Fleisch immer von denselben Bauern bezieht, können Sie auch die »Ich-drücke-auf-das-Fleisch-und-fühle-den-Garpunkt-Methode« anwenden, sonst ist sie sehr unzuverlässig.

Gnocchi oder zarte Kartoffelnudeln

Das Frühjahr ist die beste Zeit für Kartoffelteig, denn im Frühjahr gibt es aromatische, mehlige Lagerkartoffeln vom Vorjahr. Die haben schon einen Teil ihrer Feuchtigkeit durch die Lagerung verloren, der Teig braucht weniger Mehl, kein Ei und wird dadurch besonders zart und locker und dabei gleichzeitig stabil.

Immer ein Probeklößchen kochen – ist es zu weich, noch etwas Mehl unter den Teig kneten. Die besten Gnocchi meines Lebens aß ich weder in Italien noch im Sternerestaurant, sondern in St. Dalmas Le Selvage, einem kleinen Dorf in den französischen Alpen, ungefähr eine Stunde nördlich von Nizza (siehe S. 184).

500 g mehlige Kartoffeln, 80 – 120 g Spätzlemehl (oder Wiener Griessler – beides sind etwas gröbere Mehlsorten, die aber feiner gemahlen sind als Grieß), 1 TL Salz, 2 EL Butter, 4 EL fester Ricotta (Alternative: 1 grob geriebener Crottin-Ziegenkäse), 1 Bund Schnittlauch

Kartoffeln in der Schale kochen, abgießen und im heißen Topf 10 Minuten ausdampfen lassen. Die Kartoffeln pellen, durch eine Kartoffelpresse drücken und vollständig abkühlen lassen. Kartoffeln, Spätzlemehl und Salz verkneten. Die Arbeitsfläche mit Mehl bestreuen, den Teig zu einer fingerdicken Rolle formen und 1 cm lange Stücke abschneiden. Entweder als Gnocchi garen oder zwischen den bemehlten Handflächen zu beidseitig spitzen Finger-, Schupf- oder Kartoffelnudeln rollen. In einem großen Topf mit Salzwasser kochen; sobald die Nudeln aufgestiegen sind, dauert es noch 2 Minuten.

Die Kartoffelnudeln mit einem Sieblöffel aus dem Wasser heben, nicht abschrecken, in der Butter schwenken. Schnittlauch schneiden, Ricotta zerbröseln. Beides über die Kartoffelnudeln streuen, sofort servieren.

Manche Köche braten ihre Kartoffelnudeln an – meist werden die Nudeln dadurch aber fettig und trocken. Ich mag meine Kartoffelnudeln am liebsten pur (siehe oben) oder mit einer leckeren Schmorsauce (siehe S. 60 und S. 100). Für die traditionelle gerillte Gnocchiform die kleinen Teigstücke über einen Gabelrücken oder über ein spezielles kleines Gnocchibrett aus Holz rollen.

Brutzeln

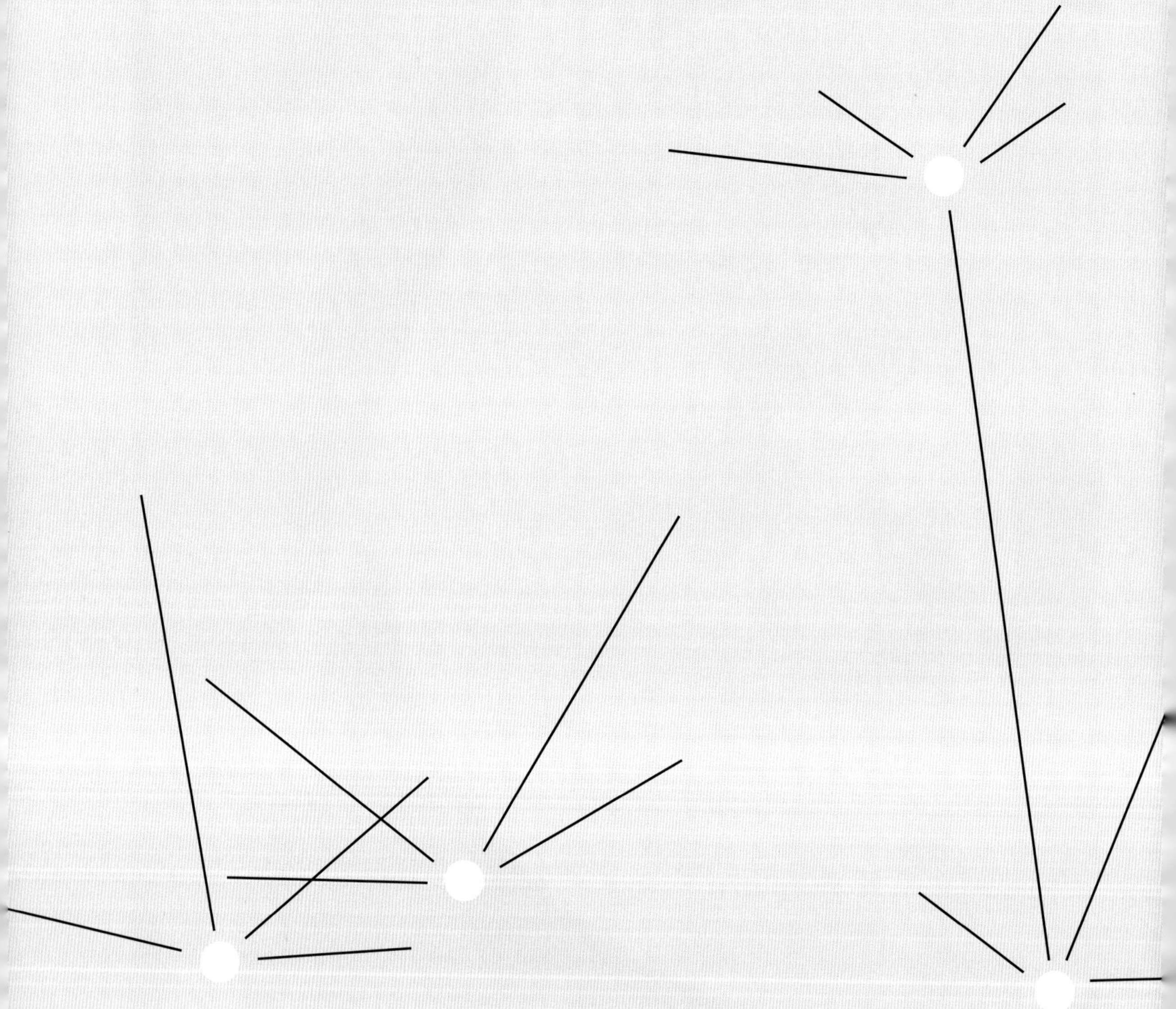

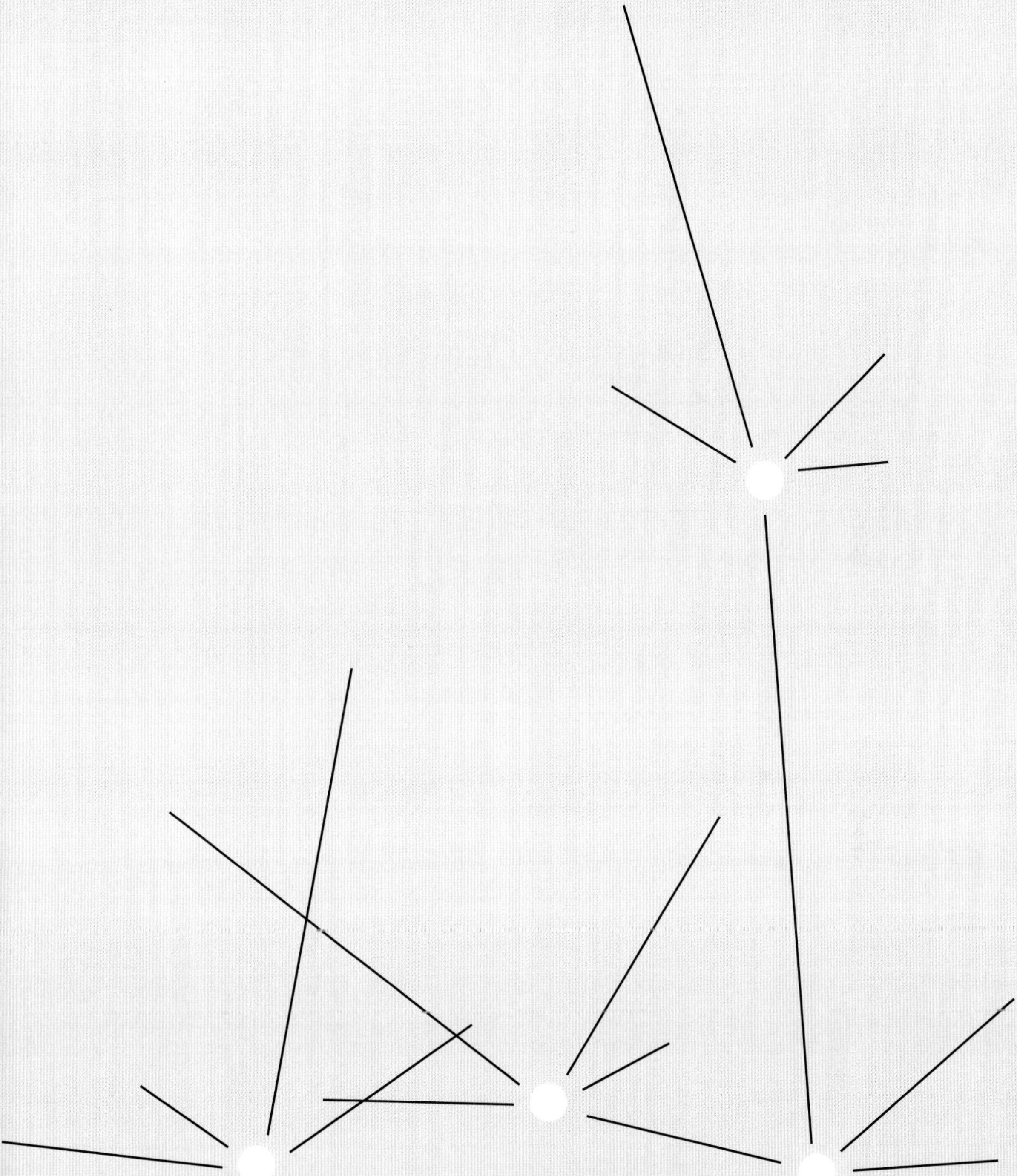

Die Saucenfeuerwehr: Balsamessig-Sauce

Köche löschen gern ihren Durst und erreichen darum selten unbeschadet das Rentenalter – nichts als üble Nachrede! In Wirklichkeit löschen Köche gern Pfannen und Sauteusen, und das hat wichtige Gründe: Um eine gute Sauce zu kochen, werden meistens Fleisch oder Fisch und Gewürze bei hohen Temperaturen angebraten und dann mit Wasser oder einer aromatischen Flüssigkeit ausgekocht. Sowohl die Pfanne als auch das Bratfett und die Oberfläche des Fleisches erreichen beim Anbraten Temperaturen von weit über 100 Grad, Röst- und Farbstoffe entstehen. Später werden diese Röststoffe in der Flüssigkeit gelöst, es bildet sich eine geschmackvolle Sauce.

Ingolf Krause, Lebensmittelchemiker an der TU München-Weihenstephan, erklärt, worauf es ankommt: Der entscheidende Moment des Ablöschens liegt in den Sekunden zwischen Anbraten und Auskochen – in die heiße Pfanne gießen Sie etwas Wein oder Essig, für einige Sekunden zischt, schäumt und brodelt es. Der Wein verdampft schockartig, wird dabei mit dem heißen Fett verwirbelt und es laufen mehrere heftige Reaktionen ab.

DIE SAUCENFEUERWEHR

1. Wein- oder Essigsäure wird teilweise chemisch zersetzt oder »verestert« – der Koch sagt, »die Säure wird gebrochen«.

2. In der Flüssigkeit enthaltener Restzucker karamellisiert ein wenig und verbindet sich mit anderen in der Sauce vorhandenen Molekülen – das Aroma wird geboren.

3. Gleichzeitig bildet sich durch die starke Verwirbelung von Fett- und Wassertröpfchen eine seidig glänzende Emulsion.

Um diese chemischen Reaktionen in der Sauce zu verlängern, können Sie schwere Töpfe und Pfannen verwenden, die viel Wärme speichern. Außerdem lohnt es sich bei vielen Saucen – auf jeden Fall bei allen Schmorgerichten –, das Ablöschen mehrfach zu wiederholen: Löschen Sie Ihr Ragout oder Ihren Schmorbraten mit wenig Flüssigkeit ab. Kochen Sie die Sauce vollständig ein, bis es wieder beginnt zu brutzeln. Wiederholen Sie den Vorgang drei- bis viermal, bevor Sie mit Wasser oder Brühe aufgießen.

DIE SAUCENFEUERWEHR

BALSAMESSIG-SAUCE ZUM HEILBUTT

Balsamessig-Sauce zum Heilbutt

6 EL Butter, 4 Heilbuttrückenfilets à ca. 150 g (Alternativen: Hähnchenbrustfilets, Kalbsrückensteaks oder Kaninchenkeulen ohne Knochen), Salz, Pfeffer, 1 Salbeizweig, 1 Knoblauchzehe, 100 ml Balsamessig, 100 ml Geflügelbrühe (oder Fischfond)

Einfach, aber perfekt: Eine schwere Pfanne erhitzen, 3 EL Butter darin aufschäumen. Die Temperatur ist richtig, wenn die Butter sofort zu schäumen beginnt, ohne dabei zu verbrennen. In einer unbeschichteten Pfanne bildet sich mehr aromatischer Bratensatz als in einer Teflonpfanne, dafür ist es wichtiger, genau die richtige Temperatur zu erwischen, damit der Fisch nicht anklebt.

Heilbuttrückenfilets mit Salz und Pfeffer würzen, in die Pfanne legen, außerdem den Salbeizweig und die ungeschält zerdrückte Knoblauchzehe. Filets von beiden Seiten bei großer bis mittlerer Hitze 3 – 4 Minuten braten. Wenn Sie dickere Stücke wie zum Beispiel Kaninchenkeulen oder Hähnchenbrustfilets verwenden, dann verlängert sich die Garzeit auf 7 – 8 Minuten für jede Seite.

Heilbutt aus der Pfanne nehmen, mit Balsamessig löschen und bei größter Hitze einkochen, bis zwei Drittel des Essigs verdampft sind. Geflügelbrühe dazugießen, aufkochen und 3 EL kalte Butterstückchen unterschlagen, um die Sauce zu binden. Ich weiß, das ist viel Butter – schlagen Sie also die Butter heimlich in der Küche unter die Sauce …

Zur Balsamessig-Sauce passt Polenta besonders gut, entweder zubereitet wie ein Grießbrei oder als gebratene Polenta-Schnitten: Je 500 ml Brühe und Milch aufkochen, kräftig abschmecken. 300 g Maisgrieß unter Rühren hinzufügen, weiterrühren, bis die Polenta anfängt zu binden.

Auf kleinster Flamme mit Deckel ca. 40 Minuten gar ziehen lassen (mit Schnellkoch-Maisgrieß verkürzt sich die Garzeit, die Mengen bleiben gleich). Dann 3 Eier nacheinander in die heiße Masse rühren und 2 cm dick auf ein geöltes Blech streichen. Abkühlen, in Rechtecke schneiden und hellbraun braten oder mit geriebenem Käse bestreuen und kurz unter dem Ofengrill überbacken.

Weißweinsauce zu Kalbsmedaillons

Ein Grundpfeiler der italienischen Küche: Fleisch oder Fisch braten – zack –, mit Weißwein ablöschen – zack –, Butterflöckchen darunter – fertig. Bekanntestes Beispiel: »Saltimbocca alla Romana« – die kleinen Kalbsschnitzelchen mit Schinken und Salbei. Besonders aromatisch wird die kurze Sauce, wenn Sie erst ablöschen, kurz warten und dann erst die Schnitzel aus der Pfanne heben. Es geht auch mit Olivenöl.

8 – 12 fingerdicke Kalbsmedaillons (insgesamt ca. 500 g), 2 EL kleine (ligurische) Oliven, 1 EL Kapern, 1 – 2 Schalotten, 2 Selleriestängel, 100 g Kirschtomaten, 2 – 3 Estragonzweige, Salz, Pfeffer, 2 EL Olivenöl, 100 ml Weißwein (trocken, aber nicht sauer), 4 EL Olivenöl (besonders fruchtig)

Kalbsmedaillons trockentupfen. Oliven und Kapern abgießen. Schalotten schälen und würfeln, Sellerie in dünne Scheiben schneiden, Kirschtomaten halbieren. Die Estragonblättchen abstreifen und grob hacken.

Kalbfleisch würzen und mit 2 EL Olivenöl bei großer Hitze von beiden Seiten je 2 Minuten braten. Schalotten zugeben und mit Weißwein ablöschen – 1 Minute einkochen, das Fleisch aus der Sauce nehmen, auf einem Teller ruhen lassen. Die restlichen Zutaten (ohne den Estragon) in die Pfanne geben, noch 1 Minute einkochen. Vom Herd nehmen, 4 EL fruchtiges Olivenöl zusammen mit dem Estragon unterschwenken, abschmecken und mit den Medaillons anrichten.

WEISSWEINSAUCE ZU KALBSMEDAILLONS

Bis auf die Knochen

Wenn ich ab und zu die Arbeit in einer Restaurantküche vermisse, dann in erster Linie der Saucen wegen. Vor allem Jus, die Grundfonds für Fleischsaucen, brauchen unsere Aufmerksamkeit über einen langen Zeitraum. Im Restaurant kann man diese wunderbaren Flüssigkeiten nebenbei beaufsichtigen, denn die eigentliche Arbeit ist begrenzt. Im Haushalt müssen Sie aber zumindest daheim sein und ab und zu mal in den Ofen schauen. Kalbsfond ist ein schönes Projekt für ein regnerisches Wochenende.

Wie kommt der Geschmack in die Sauce? Die Aromastoffe, die schon in Fleisch, Knochen und Gewürzen vorhanden sind, werden einfach ausgekocht – ähnlich wie bei einer normalen Brühe (siehe S. 34). Das unvergleichliche Aroma einer guten Jus entsteht aber erst, während Sie Knochen und Fleisch rösten. Dabei laufen komplizierteste chemische Reaktionen in Ihrem Ofen ab.

Das Karamellisieren von Zucker ist dabei noch der einfachste Mechanismus. Zucker wird heiß, schmilzt und beginnt sich erst goldgelb und dann braun zu färben. Gleichzeitig nimmt der süße Geschmack ab, bittere, nussige und andere neue Aromen kommen dazu. Dabei entstehen schon über hundert verschiedene Reaktionsprodukte: organische Säuren, flüchtige Aromastoffe, langkettige braune Farbstoffe und so weiter.

BIS AUF DIE KNOCHEN

Die Lieblingsreaktion aller Lebensmittelchemiker ist die »Maillard-Reaktion«, benannt nach ihrem Entdecker, Louis Camille Maillard (1878–1936). Die Reaktion beginnt recht übersichtlich: Unter großer Hitzeeinwirkung, beim Backen, Rösten oder Braten, verbinden sich Aminosäuren mit Zucker und spalten dabei Wasser ab. Was dabei entsteht, ist aber nur ein Zwischenprodukt – jetzt geht es erst richtig los. Je nachdem welche Fette, Kohlenhydrate oder Aromastoffe in der Nähe sind, zerfallen und verbinden sich die Moleküle untereinander zu einer bis heute nicht ganz erforschten Zahl von Röststoffen.

Ob Kaffee, Brot oder Würstchen – Produkte der Maillard-Reaktion sind immer dabei. Wenn die Temperaturen allerdings zu hoch werden und ungünstige Ausgangsprodukte vorhanden sind, dann können auch ungesunde Röststoffe entstehen. Acrylamid aus Asparagin und Zucker ist da nur ein Beispiel.

Für die Küche bedeutet das zweierlei:

1. Röststoffe können Sie nur so lange erzeugen, bis Flüssigkeit in den Topf kommt – danach ist es zu kalt.

2. Je gleichmäßiger die Hitzeverteilung, umso geringer ist die größte Hitze am Gargut und umso weniger Nebenprodukte entstehen – verwenden Sie zum Braten schwere Pfannen oder Bräter.

KALBSJUS

Kalbsjus

Ab und zu hat man im Leben, oder in der Küche, ein Aha-Erlebnis. Ich war schon einige Zeit Chef-Saucier in einem Dreisternerestaurant. Eines Tages war die Kalbsjus nicht nur gut, sondern perfekt. Dabei hatte ich sie genauso gemacht wie sonst auch, nur in einer besonders großen Menge – und das ist vielleicht das Geheimnis: Wir neigen dazu, uns manchmal zu viel Mühe zu geben. Ich glaube, dass an diesem Tag einfach etwas weniger Gemüse und Gewürze in der Sauce waren und dadurch der Fleischgeschmack besonders gut zur Geltung kam. Die Mengen habe ich mir aufgeschrieben (und durch 10 geteilt …).

Für 1 l Sauce: 5 kg Kalbsknochen (am besten bestellen Sie sich Kalbsrückenknochen beim Metzger), 1 gehäufter EL Tomatenmark, 200 g Tomaten, 150 g Zwiebeln, 150 g Möhren, 100 g Lauch, 100 g Sellerie, ½ Knolle Knoblauch, 3 – 4 Zweige Thymian, 1 Lorbeerblatt, 1 TL gequetschte Pfefferkörner, 400 ml Rotwein

Den Backofen auf 250 Grad vorheizen (Umluft 225 Grad), dabei einen schweren Bräter oder die Fettpfanne des Backofens auf der untersten Schiene mit erhitzen. Die Hälfte der Kalbsknochen in den Bräter geben und 25 – 30 Minuten rösten, zwischendurch umrühren. Die Knochen sollen gut gebräunt sein, aber nicht schwarz. Danach die zweite Hälfte der Knochen bräunen. Falls möglich, die gerösteten Knochen abkühlen lassen und dann einige Stunden in den Kühlschrank stellen, dann wird die Sauce besonders klar.

Alle anderen Zutaten putzen und grob zerkleinern. Die Zwiebeln mit 2 EL Öl in einem großen Topf braten; sobald sie hellbraun sind, Möhren, Sellerie und Lauch zugeben, noch etwas weiter braten. Tomatenmark und die Gewürze zugeben, weitere 2 Minuten braten und dann mehrfach mit Rotwein ablöschen und immer wieder vollständig einkochen.

Die Knochen auf das Gemüse legen, mit Wasser knapp bedecken, langsam aufkochen und insgesamt 4 Stunden bei kleinster Hitze kochen. Immer wieder den aufsteigenden Schaum abschöpfen, evtl. etwas Wasser nachgießen.

Danach die Sauce durch ein feines Sieb oder durch ein mit einem Passiertuch ausgelegtes Nudelsieb gießen. In den kleinstmöglichen Topf füllen und langsam bis auf 800 ml einkochen. Auch beim Einkochen immer wieder mit einer kleinen Schöpfkelle den aufsteigenden Schaum abschöpfen. Die fertige Sauce soll glänzen wie eine japanische Lackarbeit. Abgekühlt wird die Sauce fest und hält 1 – 2 Wochen im Kühlschrank.

»Sie können Kalbsjus in einem Eiswürfelbehälter einfrieren oder in ganz kleinen Einmachgläsern einkochen – dann haben Sie immer ein Löffelchen Jus bereit, um fast jede Fleischsauce zu verfeinern.«

Petersilien-Knoblauchsauce

Die Möglichkeiten, Saucenrezepte mit Kalbsjus zu variieren, sind endlos. Hier schon einmal zwei meiner Lieblinge.

Die Petersilien-Knoblauchsauce passt besonders gut zu gebratenem Kalb, ob Steak, Schnitzel oder sogar Niere. Wichtig: Der Knoblauch sollte frisch sein. Monatelang gelagerter Knoblauch schmeckt unangenehm.

Sauce für 4 Kalbssteaks: 1 Knoblauchknolle, 1 Bund Petersilie, 1 Schuss Weißwein, 4 EL Kalbsjus

Knoblauchknolle in Alufolie wickeln und 40 Minuten bei 200 Grad (Umluft 180 Grad) im Ofen garen. In der Zwischenzeit die Petersilienblättchen hacken. Knoblauch auspacken, quer halbieren, die Knoblauchzehen herausdrücken, eventuell durch ein Sieb streichen. Den Bratensatz aus der Pfanne, in der Sie Ihr Fleisch gebraten haben, mit Weißwein ablöschen, einkochen, Knoblauchpüree, Petersilie und Kalbsjus unterrühren – ein Flöckchen Butter schadet auch nicht.

Tomaten-Kräuter-Sauce

Passt besonders gut zu gebratenen Riesengarnelen oder gebratenen Fischsteaks.

Sauce für 500 g Riesengarnelen: 1 – 2 Tomaten, 1 Schalotte, 1 Knoblauchzehe, ½ Möhre, 1 Stängel Sellerie, je 3 – 4 Zweige Salbei und Oregano, 4 EL Kalbsjus, 1 EL Butter

Tomaten kreuzweise einritzen, ca. 20 Sekunden in kochendes Wasser legen, abschrecken und die Haut abziehen – schmeckt in diesem Fall besser. Tomaten vierteln, dabei die Kerne entfernen, das Fruchtfleisch hacken. Das Gemüse klein würfeln, die Kräuter hacken. Kurz bevor Garnelen oder Fisch fertig gebraten sind, Tomaten und Gemüse mit in die Pfanne geben. Nach 1 Minute Fisch herausnehmen und auf einen Teller legen. Kräuter und Kalbsjus in die Pfanne geben, kurz kochen, die Butter unterrühren, abschmecken.

PETERSILIEN-KNOBLAUCHSAUCE

TOMATEN-KRÄUTER-SAUCE

Fisch für Samurais

Viele Japaner schätzen das zarte Aroma eines Fisches, der noch im Mund zuckt. Mit etwas Geschick, Übung und Überwindung können Sie das mit einer lebend gekauften Forelle selbst ausprobieren: Sie müssen die Forelle selbst töten und innerhalb von zwei, drei Minuten ausnehmen, filieren, in Scheiben schneiden und servieren. Mit Sojasauce oder ein paar Tropfen Olivenöl ist das eine interessante Erfahrung. Es reicht aber auch, wenn Sie sich dieses Geschmackserlebnis nur im Geiste vorstellen!

Norwegische Lachszüchter bevorzugen Fische, in denen sich schon drei bis vier Tage lang ein sanftes »Lachs-Aroma« entwickelt hat – das kann man ähnlich interpretieren wie die Reifungsprozesse beim Abhängen von Fasanen. Vielleicht hat diese Vorliebe aber auch damit zu tun, dass Zuchtlachs mindestens drei Tage bis zu unserem Fischhändler unterwegs ist.

FISCH FÜR SAMURAIS

Frischer Fisch duftet nur wenig – nach Jod oder Aromastoffen aus ungesättigten Fettsäuren, die es in vielen Fischen reichlich gibt. Das, was wir als fischigen Geruch bezeichnen, entsteht erst durch Zerfall. Fische sind Kaltblüter, das heißt, ihre Körpertemperatur richtet sich nach der kalten Wassertemperatur – deshalb sind manche Enzyme und Bakterien, die den Fisch zersetzen, darauf spezialisiert, bei niedrigen Temperaturen zu arbeiten. Frische Fische müssen bei null Grad auf Eis transportiert werden, schon im normalen Kühlschrank verdirbt Fisch sehr schnell.

Fast alle Fische sind zart genug, um roh gegessen zu werden. Der größte Teil der Fischmuskeln wird selten benutzt, nur dann, wenn der Hecht die Renke schnappt oder diese knapp entkommt. Deshalb ist Fischfleisch anders aufgebaut als das Fleisch von Landtieren, die immer mindestens ihr Eigengewicht tragen müssen. Fischmuskeln bestehen aus vielen kurzen, dünnen Muskelfaserbündeln, die durch empfindliche Membranen aus Bindegewebseiweiß miteinander verbunden sind.

Der Anteil an Bindegewebe im Fischfilet ist insgesamt sehr niedrig und beginnt sich schon bei Temperaturen von knapp über 40 Grad aufzulösen und in eine saftige Gelatineschicht zu verwandeln – wer sein Fischfilet warm bevorzugt, sollte es garen. Gegarte Fische haben zwei Vorteile: Sobald sich das Bindegewebe aufgelöst hat, lassen sich Fischfilets leicht von der Mittelgräte heben, was im rohen Zustand den kunstvollen Umgang mit einem Filiermesser erfordert. Gleichzeitig wird der Fisch durchs Erhitzen aromatischer.

Walterspiels blaue Forelle

In Deutschland sind Süßwasserfische meist frischer als Meeresfische. Wenn die Fische aus einem See stammen, sind sie zudem »artgerecht« aufgewachsen und verhältnismäßig preisgünstig. Darum schlage ich Ihnen hier eine Forelle vor und zitiere den ersten berühmten deutschen Koch aus den zwanziger Jahren, Alfred Walterspiel: »Am wohlschmeckendsten sind ungefähr 150 g schwere, blaugesottene Forellen mit zerlassener feinster Butter. Diese wird erst im letzten Moment geschmolzen und darf nicht über 60 Grad warm werden. Wer es liebt, kann Salz oder feine Kräuter beimengen; ich bin nicht dafür, denn die in Salzwasser gekochte Forelle bringt so viel eigenen Wohlgeschmack mit, dass sie außer Butter keinerlei Zutaten und als Beigabe nur sorgfältig hergestellte Salzkartoffeln erfordert.«

Heute haben Forellen 300 g: 4 frisch geschlachtete und ausgenommene Forellen, 4 EL Weißweinessig

Forellen auf einer großen Platte mit Weißweinessig beträufeln, sanft rütteln, damit sich der Essig gut verteilt. Die Fische in einen großen Topf mit kochendem Salzwasser gleiten lassen und ohne weitere Hitzezufuhr ca. 12 – 15 Minuten gar ziehen lassen.

Erschrecken Sie nicht: Ganz frische Forellen reißen beim Pochieren manchmal an den Seiten auf.

Süßwasser-Sashimi

Tunfisch für europäische Sushi-Restaurants wird manchmal im Mittelmeer gefangen, nach Tokio exportiert, dort mit dem Qualitätssiegel des Tokioter Fischmarktes versehen und dann wieder zurück nach Europa gebracht. Zander oder Lachsforellen, die vor Ihren Augen im Fischgeschäft geschlachtet werden, sind die frischere Alternative.

Einziges Problem: die kleinen, feinen Brustgräten, die nicht auf dem Fischfilet liegen, sondern in das Fischfilet hineinwachsen – Sie spüren sie gut, wenn Sie mit dem Finger über ein scheinbar grätenfreies Fischfilet streichen. In einem ganz frischen Fisch sitzen diese Gräten sehr fest, man kann sie eigentlich nur herausschneiden, mit zwei Schnitten links und rechts der Grätenreihe. Das können Sie mit einem scharfen Messer selber machen oder einen guten Fischhändler darum bitten. Damit das Fischfilet sich auch nach diesem Schnitt noch in schöne Scheiben schneiden lässt, sollte der ganze Fisch mindestens 1 kg schwer sein.

½ Zitrone, 2 EL Fischsauce (Asienladen), 1 EL Quittengelee, Salz, Pfeffer, 3 – 4 cm frische Meerrettichwurzel, 3 EL Sonnenblumenöl, 400 g Zanderfilet, 1 Gurke, 50 g Rettich- oder Radieschensprossen (Bioladen; Alternative: 50 g Sojasprossen)

Für den Dip zuerst die halbe Zitrone auspressen, den Saft in einem Schälchen mit Fischsauce, Quittengelee und etwas Salz und Pfeffer verquirlen. Meerrettichwurzel in die Schüssel reiben, mit Sonnenblumenöl verrühren, abschmecken.

Zanderfilet mit einem scharfen Messer in 5 mm dicke Scheiben schneiden. Gurke schälen, der Länge nach vierteln, das Kernhaus herausschneiden, die Gurkenstreifen in 1 cm dicke Stücke schneiden. Sprossen mit Fisch und Gurke auf Sushi-Platten arrangieren und mit dem Meerrettich-Dip servieren.

SÜSSWASSER-SASHIMI

Gratinierte Rotbarbenfilets

Rotbarben sind ein Test für Ihren Fischhändler, denn sie schmecken wirklich nur taufrisch – dann aber besonders gut.

½ Scheibe Toastbrot, 2 EL grüne Pistazienkerne, 1 Bund Petersilie, 3 getrocknete Aprikosen, 1 EL Olivenöl, 500 g Rotbarbenfilets (geschuppt, mit Haut), Salz, Pfeffer, 1 EL Butter, 100 ml trockener weißer Portwein

Toastbrot hellblond toasten, abkühlen lassen und mit Pistazienkernen, den Petersilienblättchen und den Aprikosen fein hacken – das geht am schnellsten im Blitzhacker. Sobald alles fein zerkleinert ist, noch 1 EL Olivenöl untermischen.

Den Grill im Ofen vorheizen. Rotbarbenfilets trockentupfen und würzen. Einen passenden Bräter oder eine andere Form, die Sie auf die Herdplatte stellen können, mit der weichen Butter einpinseln. Die Fischfilets mit der Hautseite nach oben hineinlegen. Kräuterbrösel auf den Fischen verteilen, vorsichtig den Portwein in den Bräter gießen, auf dem Herd erhitzen, bis die Flüssigkeit gerade eben beginnt zu kochen.

Rotbarben auf der mittleren Schiene unter dem Ofengrill 3 – 4 Minuten gratinieren. Die Fischfilets mit einer Palette aus der Form heben, die Garflüssigkeit abschmecken und mit den Fischfilets servieren.

»Kräftige Gemüse passen am besten dazu: Brokkoli oder ›Cime di Rapa‹ – eine Art halbwilder Brokkoli aus Süditalien.

Geschmorter Weißkohl oder Spitzkohl ist eine gute Alternative im Spätsommer oder Herbst.«

ROTBARBENFILETS

Salz auf unserem Steak

SALZ AUF UNSEREM STEAK

Manche Köche salzen Fleisch vor dem Braten, so könne das Salz angeblich ins Fleisch eindringen. Stimmt das aus chemischer Sicht? Während des Bratens platzen die Zellen in den Randschichten des Steaks, die Inhaltsstoffe der Zellen mischen sich und reagieren miteinander. Bei Temperaturen ab etwa 150 Grad verbinden sich Eiweiß und Kohlenhydrate zu Röst- und Aromastoffen und spalten dabei Wasser ab. Bei solch hohen Temperaturen verdampft das Wasser, der Dampf braucht mehr Platz, als das Wasser vorher hatte, und wandert dahin, wo er sich frei entfalten kann – nämlich raus aus dem Steak, dabei zischt es. Wenn das Zischen sich sanft, angenehm und melodisch anhört, dann stimmt die Temperatur in der Pfanne. Dampf, der aus dem Fleisch herauswandert, kann natürlich kein Salz hineintragen. Deswegen werden große Fleischstücke immer tranchiert, also aufgeschnitten, und leicht nachgesalzen, weil man das Innere eines Bratens eben nicht salzen kann.

Manche Köche salzen Fleisch auch erst nach dem Braten, weil das Salz sonst Saft aus dem Fleisch ziehe und das Steak damit trocken würde. Kochsalz besteht überwiegend aus Natrium- und Chloratomen, bei denen jedes Chloratom einem Natriumatom ein Elektron entreißt, dadurch bekommt das Chloratom eine negative elektrische Ladung, das Natriumatom eine positive. Positiv und negativ ziehen sich an, und so wird aus vielen Atomen ein geordneter fester Salzkristall mit ganz gleichmäßig verteilter Ladung – bis auf den Kristallrand. Hier sitzen Atome, die nach geladenen Partnern suchen: den Wassermolekülen, die je ein positiv und ein negativ geladenes Ende besitzen – ohne diese »Dipol-Eigenschaft« des Wassers gäbe es weder gute Küche noch Leben auf der Erde. Die Wassermoleküle lagern sich also locker an das Salzkristall. Sie sind unruhig, schlagen deswegen immer mehr Natrium- und Chlorionen aus dem Salzkristall und lösen so den Salzkristall auf.

Salz zieht also Wasser an, um sich auflösen zu lassen. Und je unregelmäßiger die Oberfläche eines Salzkorns ist, desto schneller löst es sich auf – ein Grund, warum verschiedene Salzsorten unterschiedlich schmecken. Natürlich zieht Salz nach einigen Stunden oder Tagen viel Fleischsaft aus den Zellen – man nutzt diesen Effekt beim Pökeln. Wenn Sie Ihr Steak unmittelbar vor dem Braten salzen, ist der Wasserverlust aber kaum messbar, geschweige denn schmeckbar.

Trotzdem hat der Zeitpunkt des Salzens wichtige Auswirkungen: Wenn Sie Ihr Steak vor dem Braten salzen, bildet das Salz zusammen mit dem Fett und den Röststoffen eine salzig-aromatische Kruste auf dem Fleisch. Wenn Sie das Steak nach dem Braten salzen, bleiben die Salzkörner intakt – wie bei einer Laugenbreze. Salzen Sie Ihr Steak also, wann Sie wollen!

Pfeffersteaks

Frisch im Mörser geschroteter Pfeffer, sanft in ein daumendickes Steak massiert – ein Klassiker. Das »Pfeffersteak-Prinzip« funktioniert auch mit anderen Gewürzen: »Fenchelsteak« mit gemörserten Fenchelsamen, »Rosmarinsteak« mit gehackten Rosmarinnadeln oder »Zitronensteak« mit etwas geriebener Zitronenschale. Salzen Sie vor oder nach dem Braten.

1 EL schwarze Pfefferkörner, 4 Rinderrückensteaks (à ca. 180 g), 2 EL Olivenöl, 4 EL Rotwein, 4 EL Kalbsjus (Rezept S. 79; Alternativen: Wasser, Weißwein oder andere wohlschmeckende Flüssigkeiten)

Erhitzen Sie eine schwere Pfanne, die nur wenig abkühlt, wenn Sie die Steaks hineinlegen. Pfeffer im Mörser zerdrücken. Steaks mit dem Pfeffer würzen, jetzt oder nach dem Braten salzen. Die Steaks mit 2 EL Olivenöl 2 – 3 Minuten von jeder Seite braten, aus der Pfanne nehmen und einige Minuten ruhen lassen.

Die Röststoffe in der Pfanne mit Rotwein und Kalbsfond ablöschen, den aus den ruhenden Steaks ausgetretenen Fleischsaft dazugeben – fertig ist eine kurze, feine Sauce.

Unschlagbar ist die konservative Kombination aus Steak, Salat und Kartoffelgratin. Hier das beste Gratinrezept: 300 ml Milch mit 200 g Sahne mischen, mit Salz, Pfeffer, Muskat und einer gehackten Knoblauchzehe so kräftig würzen, dass die Mischung leicht überwürzt schmeckt. 1 kg vorwiegend festkochende Kartoffeln schälen und in dünne Scheiben schneiden, in eine gusseiserne, gebutterte Auflaufform schichten, mit der Milch-Sahne-Mischung begießen und mit Butterflöckchen belegen. Die Kartoffeln auf der Herdplatte aufkochen und anschließend im Ofen ca. 25 – 30 Minuten gratinieren.

»Während meiner Kochlehre gab es das Kartoffelgratin für Gäste mit Sahne, fürs Personal mit Milch. Beide Varianten schmecken gut, ich neige heute dazu, die Sahne ganz wegzulassen.«

Gebratene Lammschulter mit Aromakruste (Foto S. 91)

Lammschulter wird – wie das Fleisch aus der Rinderschulter – meistens geschmort oder für Ragouts verwendet, weil die Schulter von Sehnen und Bindegewebe durchzogen ist. Beim Lamm sind diese Sehnen aber so zart, dass Sie das Fleisch auch sehr gut braten können. Das Schulterfleisch hat zwar etwas mehr Biss, aber auch mehr Geschmack als die »edlen« (und teuren) Teile vom Lamm. Wenn Ihnen die Lammkeule lieber ist – das Rezept eignet sich natürlich auch dafür.

1 Lammschulter ohne Knochen (ca. 1,25 kg), 1 EL Fenchelsamen, 1 Zweig Rosmarin, 1 Knoblauchzehe, 1 TL schwarze Pfefferkörner, 10 Wacholderbeeren, 1 Bio-Zitrone, 2 TL Salz, 2 EL Olivenöl

Lammschulter trockentupfen, dicke Fettschichten etwas dünner schneiden. Fenchelsamen mit den Nadeln vom Rosmarinzweig und der Knoblauchzehe hacken. Pfeffer und Wacholder im Mörser zerdrücken oder mit der Pfeffermühle schroten. Die Schale der Zitrone abreiben, den Saft auspressen. Alle Gewürze mit 1 TL Zitronensaft und 2 TL Salz verrühren.

Lammschulter mit dem Gewürzbrei einreiben. In einem schweren Bräter bei mittlerer Hitze mit Olivenöl von beiden Seiten anbraten und auf der untersten Schiene im Ofen bei 200 Grad (Umluft 180 Grad) 25 Minuten garen – nach dieser Zeit ist die Schulter rosa gebraten, 10 Minuten später wäre sie gerade eben durch.

Lammschulter aus dem Ofen nehmen, auf einer Platte 10 Minuten ruhen lassen. Währenddessen den Bratensatz mit dem restlichen Zitronensaft und etwas Wasser lösen, in einem kleinen Topf etwas einkochen, den ausgelaufenen Fleischsaft dazugeben und abschmecken.

Wenn Ihr Bräter groß genug ist, sollten Sie unbedingt die Beilage zusammen mit der Lammkeule garen. Statt einen Bräter zu verwenden, können Sie die Lammschulter auch in einer Pfanne anbraten und dann mit den Beilagen in der Fettpfanne im Ofen fertig garen (die Fettpfanne ist das tiefe Blech im Ofen).

Ein Beispiel: 600 g Süßkartoffeln (oder Kartoffeln) sauber schrubben und mit der Schale in große Würfel schneiden. Eine große Aubergine genauso vorbereiten, 100 g kleine Zwiebeln schälen und halbieren oder vierteln. Alles zusammen mit in den Bräter geben, sobald die Lammschulter angebraten ist. Wie im Rezept beschrieben im Ofen garen, dabei ab und zu das Gemüse wenden. In der Zwischenzeit 250 g Tomaten waschen und würfeln. Den Braten zum Ruhen aus dem Ofen nehmen. Tomaten und 4 EL Rotwein zum Gemüse geben und vorsichtig rühren, damit sich der Bratensatz löst und die Tomaten heiß werden. Die Lammschulter mit Gemüse anrichten, mit 1 Bund grob geschnittenem Rucola bestreuen und servieren.

Für das Foto (siehe S. 91) haben wir ein paar dicke Zitronenscheiben mit dem Fleisch gebraten – das sieht nicht nur gut aus, sondern duftet auch besonders verführerisch.

GESCHNETZELTES

Geschnetzeltes mit Weißkraut

Die dünnen Fleischscheibchen fürs Geschnetzelte haben eine sehr große Oberfläche – das erhöht die Gefahr, dass während des Bratens zu viel Wasser austritt. Deshalb: Verwenden Sie eine schwere, gut vorgeheizte Pfanne und braten Sie das Fleisch in mehreren kleinen Portionen. Beides hilft Ihnen den Temperaturabfall in der Pfanne zu minimieren, austretende Feuchtigkeit verdampft sofort. Kaufen Sie Bio-Fleisch, es schmeckt nicht nur besser, sondern gibt auch weniger Wasser ab. Und: Salzen Sie erst nach dem Braten.

500 g Schweinefilet (oder Kalbsfilet), 4 EL Öl, 1 milde Peperonischote, 3 – 4 Lauchzwiebeln, 500 g Weißkraut (z. B. Spitzkohl, das ist eine besonders zarte, leicht süßliche Sorte), Salz, ½ Bund Dill, 2 EL brauner Zucker, 1 EL Butter, 2 EL Weißweinessig

Das Fleisch in dünne Scheiben schneiden und mit wenig Öl in einer Schüssel mischen. Peperonischote in Ringe schneiden, Lauchzwiebeln putzen und in 2 cm lange Stücke schneiden. Den Strunk aus dem Krautkopf herausschneiden, die Blätter in 2 cm große Quadrate schneiden, in einer Schüssel mit Peperoni und Lauchzwiebeln mischen, salzen und leicht drücken. Dill grob hacken.

Schweinefleisch in mehreren Portionen bei größter Hitze mit insgesamt 3 EL Öl jeweils 2 Minuten braten, aus der Pfanne nehmen und in ein Sieb legen, die abtropfenden Säfte auffangen. Sobald alles Fleisch gebraten ist, den braunen Zucker in der Pfanne schmelzen, Butter in der Pfanne aufschäumen, das Gemüse hineingeben und 2 Minuten unter Rühren braten. Mit Weißweinessig löschen, 2 – 3 EL Wasser und den Fleischsaft zugeben, 2 Minuten kochen. Das Fleisch zurück in die Pfanne geben, heiß werden lassen, mit Dill bestreuen und servieren.

Für das Schweizer Nationalgericht aus Zürich verwenden Sie Kalbfleisch aus der Oberschale oder Filet. Das Fleisch in 3 EL Butter anbraten, aus der Pfanne nehmen. 2 – 3 gewürfelte Schalotten in der Pfanne anschwitzen, mit 1 EL Mehl bestäuben. Unter Rühren 1 Minute rösten und mit 125 ml Weißwein ablöschen. Um zwei Drittel einkochen, 200 ml Sahne zugeben, cremig kochen und mit Salz, Pfeffer und Zitronenschale kräftig abschmecken. Das Fleisch in der Sauce heiß werden lassen, nicht mehr kochen und mit Petersilie bestreut servieren. Zu beiden Versionen passen Rösti, aber auch Salzkartoffeln oder Spätzle.

Rinderrücken mit Zitronenmelisse

Bis in die achtziger Jahre des letzten Jahrhunderts hätte »Entrecôte double« auf der Speisekarte gestanden, danach »Tagliata di manzo«. Beides wäre einfach ein dickes gebratenes Stück Rinderrücken gewesen – besonders saftig und zart durch das günstige Verhältnis zwischen Oberfläche und Volumen. Der fertige Braten wird in Scheiben geschnitten und dann ein wenig nachgesalzen.

750 g Rinderrücken, Salz, Pfeffer, 5 EL Olivenöl, 1 EL Butter, 2 EL Sesam, 1 TL Koriandersamen, 1 unbehandelte Orange, 1 Chilischote, 4 Zweige Zitronenmelisse oder Zitronenverbene, 225 g gekochte weiße Bohnen (Glas)

Ofen auf 200 Grad vorheizen (Umluft 180 Grad). Rinderrücken von Fett und Sehnen befreien, mit Salz und Pfeffer würzen. Je 1 EL Olivenöl und Butter in einer ofenfesten Pfanne erhitzen, den Rinderrücken darin von allen Seiten insgesamt etwa 8 Minuten anbraten. Danach auf der untersten Schiene im Ofen 14 Minuten (rosa) bis 20 Minuten (gerade eben durch) braten. Auf einem Teller 10 Minuten ruhen lassen.

In der Zwischenzeit 2 TL Salz mit Sesam und Koriander in einer kleinen Pfanne rösten, bis der Koriander duftet. Die Mischung aus der Pfanne nehmen, etwas abkühlen lassen. Von der Orange einen 10 cm langen Streifen Schale dünn abschälen. Zusammen mit der Chilischote hacken, mit dem Sesamsalz im Blitzhacker oder im Mörser zerkleinern. Die Blättchen der Zitronenmelisse zupfen. Bohnen abgießen, abbrausen, abtropfen lassen und auf 4 Teller verteilen. Den Rinderrücken schräg in dünne Scheiben schneiden, auf die Bohnen legen, mit 4 EL Olivenöl beträufeln, mit Sesamsalz und Zitronenmelisse bestreuen und mit Weißbrot servieren.

Melisse ist das bekannteste Kraut mit Zitronenaroma. Es gibt aber noch einige andere, mit denen es sich lohnt zu experimentieren: Zitronenthymian gibt es häufig auf dem Markt, Zitronenverbene und Zitronengeranie (gehört zu den Duft-Pelargonien) eignen sich für den Anbau im Blumentopf, Vietnamesische Melisse (= rau kinh gioi = Elsholtzia ciliata oder Origanum syriacum), Zitronenblätter und Zitronengras gibt es im Asienladen.

Lassen Sie den Braten schmoren!

LASSEN SIE DEN BRATEN SCHMOREN!

Sonne und Salat, Weißwein und Frühlingsgefühle – irgendwie gehört das alles zusammen. Durch den Winter helfen uns Rotwein und Fleisch. Am besten in einem großen, schweren Topf geschmort.

Fleisch besteht aus Muskelfasern, Bindegewebe und Wasser. Muskeln, die viel bewegt werden, enthalten reichlich ungenießbares Bindegewebe. Beim Braten gerinnt zuerst das Eiweiß der Muskelfasern, Fleischsaft tritt aus – das Fleisch wird immer zäher und trockener, bis es durch und ungefähr 70 Grad heiß ist. Wird das Fleisch noch stärker erhitzt, verwandelt sich das Bindegewebe in Gelatine – das Fleisch schmeckt wieder saftig, obwohl die Muskelfasern zäh bleiben wie zuvor. Für diese Umwandlung braucht es Feuchtigkeit, aus dem Fleisch oder aus der Sauce. Schmelzendes Fett in gut marmoriertem Fleisch unterstützt den saftigen Eindruck.

Fleisch zu garen bedeutet immer einen Kompromiss zwischen niedrigen Temperaturen für zarte Muskelfasern und hohen Temperaturen für saftiges Bindegewebe. Daher werden zarte Fleischstücke (Rücken, Filet) kurz gebraten und bindegewebsreiche Fleischstücke (Schulter, Haxe) lange gebraten, gekocht oder geschmort – zusätzlich versuchen wir oftmals durch sehr heiße Oberflächentemperaturen eine aromatische Kruste zu erzeugen. Schmorgerichte sorgen nicht nur für saftiges Fleisch, fast nebenbei entstehen tröstende Saucen – besonders wichtig an kalten Wintertagen. Deshalb machen wir uns daran, trockene Fleischfasern möglichst gut mit saftiger Gelatine und Fett zu »schmieren«.

Rind und Kalb sind ideal: Schulter und Haxe enthalten viel Bindegewebe, die Muskelfasern sind dünn. Die Frikandeaurolle, ein Stück aus der Keule, auch falsches Filet genannt, wird oft für Schmorbraten verwendet, vermutlich aber vor allem weil die Bratenscheiben schön rund sind. Die Muskelfasern in diesem Stück sind dick, das Fleisch wirkt immer faserig – da hilft nur, den fertigen Braten mit einem sehr scharfen Messer in sehr dünne Scheiben zu schneiden.

Sehnen, die fast nur aus Bindegewebe bestehen, gelten als besonders delikat, sobald sie geschmort sind. Wenn Sie Glibber aber ablehnen, können Sie große Sehnen vor dem Garen entfernen. Es bleibt genug Bindegewebe für ein saftiges Gulasch in den Hüllen der einzelnen Muskelfasern.

Saftige Fesseln (Foto S. 97)

500 g Schalotten, 5 Knoblauchzehen, 2 – 3 EL Butterschmalz, 8 dünne Beinscheiben vom Kalb, Salz, Pfeffer, 4 EL passierte Tomaten, 350 ml Rotwein (gut eignen sich fruchtige, aber trockene Weine, etwa aus der Nebbiolo-Traube), 1 Bund Petersilie, 1 Butterflocke

Schalotten und Knoblauchzehen schälen, vierteln. Butterschmalz in einem schweren Schmortopf zerlassen, Beinscheiben in 2 – 3 Portionen bei großer Hitze goldbraun braten. Aus dem Topf nehmen, mit Salz und Pfeffer würzen. Schalotten und Knoblauch im Schmortopf kurz anbraten. Tomaten und die Beinscheiben zugeben.

Mit einem kräftigen Schuss Rotwein ablöschen, vollständig einkochen. Immer wieder ablöschen, bis ungefähr eine halbe Flasche Wein verbraucht ist. Mit 400 ml Wasser oder Brühe knapp bedecken, bei kleiner Hitze zugedeckt 1 Stunde schmoren, abschmecken. Die Petersilienblättchen hacken und zusammen mit der Butterflocke unter die Sauce rühren. Mit einer saugfähigen Beilage servieren.

Für ein klassisches Ossobuco ersetzen Sie die Schalotten durch eine Mischung aus Möhren, Stangensellerie und Zwiebeln, löschen mit je ¼ l Weißwein und Brühe ab und geben ein knappes Kilo gewürfelte Tomaten dazu. Den letzten Schliff gibt dem Ossobuco eine »Gremolata« – wie übrigens auch einem Rindergulasch. Dafür etwas Zitronen- oder Orangenschale abreiben, 1 Bund Petersilie hacken 1 – 2 Knoblauchzehen fein hacken und kurz anschwitzen, alles mischen und über die geschmorten Beinscheiben streuen.

Rouladen mit Sardellenfilets

Egal welches Schmorgericht Sie auch ausprobieren, das Beste ist immer die Sauce. In der traditionellen Küche Neapels wird diese tiefe Wahrheit thematisiert: Sonntags schmort die »mamma« dünne Rindfleischrouladen – gefüllt mit Speck und Petersilie – in Weißwein und vielen Tomaten. Die Schmorsauce wird schließlich als eigenständiges Gericht mit Nudeln serviert. Das Fleisch gibt es als zweiten Gang, mit Gemüse oder Salat – oder an einem anderen Tag.

8 sehr dünne Scheiben Kalbsoberschale (à 100 g; Alternative: Rinderoberschale), 4 EL grüne Pistazienkerne, 4 Datteln (Alternative: Rosinen), 3 – 4 Thymianzweige, 1 TL geriebene Zitronenschale, 8 Sardellenfilets, Holzspießchen oder Rouladennadeln, Salz, Pfeffer, 1 EL Olivenöl, 1 EL Butter, 1 Bund Lauchzwiebeln, 2 EL Mehl, 2 – 3 EL Weißweinessig

Fleischscheiben auf der Arbeitsfläche ausbreiten. Pistazienkerne mit Datteln und den Thymianblättchen hacken, etwas Zitronenschale dazureiben. Jeweils 1 EL Pistazienmischung an einem Ende jeder Fleischscheibe verteilen, je 1 Sardellenfilet darauf legen, Fleischscheiben eng zusammenrollen und mit Holzspießchen feststecken.

Die Rouladen würzen, mit wenig Mehl bestäuben und mit Olivenöl und Butter in einer großen Pfanne von allen Seiten anbraten, insgesamt 6 – 8 Minuten. In der Zwischenzeit Lauchzwiebeln putzen und fein schneiden. 2 EL der dunkelgrünen Ringe beiseite legen. 400 ml Wasser oder Brühe aufkochen. Lauchzwiebelringe kurz mit den Rouladen braten, mit Weißweinessig ablöschen und alles zusammen in einen Topf geben. Ein Drittel des heißen Wassers zugeben und zugedeckt 60 Minuten schmoren (Rindfleisch: 90 Minuten), dabei immer wieder etwas Wasser nachgießen.

Die Sauce abschmecken, mit den Rouladen anrichten und mit Lauchzwiebelringen bestreut servieren. Dazu würde ich unbedingt Kartoffelpüree servieren (Rezept S. 66).

Die klassische Variante ist auch sehr gut: Am feinsten schmeckt die Füllung, wenn Sie Speck und Zwiebeln würfeln und zusammen dünsten, reichlich gehackte Petersilie dazugeben und diese Mischung dann auf mit scharfem Senf bestrichenen Fleischscheiben verteilen. Längs geviertelte Gewürzgurke darauf, einrollen und mit Wurzelgemüse, einem Schuss Rotwein und Wasser schmoren. Zum Schluss die Sauce durch ein Sieb streichen – das können Sie aber auch sein lassen.

ROULADEN

Rehragout

Sicher die billigste, aber auch eine der besten Arten, Reh und Hirsch zu genießen. Beim Rehragout wird das Bindegewebseiweiß schon in der Marinade teilweise denaturiert – also »weich gemacht« –, ähnlich wie bei einem rheinischen Sauerbraten. Dafür muss das Fleisch einige Tage in der Marinade ziehen. Ich mag die proletarische Version des Rehragouts mit Essigmarinade. Feiner wird es, wenn Sie Wasser durch Rotwein ersetzen und die Essigmenge halbieren oder den Essig ganz weglassen.

400 g Zwiebeln, 200 g Lauch, 100 g Möhre, 100 g Sellerie, 4 Knoblauchzehen, 1 EL schwarzer Pfeffer, 1 TL Wacholderbeeren, 1,2 kg Fleisch für Rehragout (z. B. aus der Schulter), 1 Lorbeerblatt, 250 ml Rotweinessig, 3 EL Sonnenblumenöl, Salz, 1 EL Tomatenmark, 3 – 4 EL Johannisbeergelee, 50 g Saucenlebkuchen (gibt es im Supermarkt; Alternativen: 1 Scheibe Pumpernickel oder 100 g Kartoffeln)

Zwiebeln schälen und grob würfeln. Lauch längs halbieren, waschen und in 2 cm breite Streifen schneiden. Möhre und Sellerie schälen, ebenfalls würfeln. Knoblauchzehen schälen, Pfeffer mit Wacholderbeeren im Mörser quetschen. Das Rehfleisch in 3 – 4 cm große Würfel schneiden und mit Lorbeerblatt, Gemüse, Rotweinessig und 750 ml Wasser begießen. Zudecken und 3 – 5 Tage im Kühlschrank marinieren.

Fleisch und Wurzelgemüse auf einem Nudelsieb sehr gut abtropfen lassen, dabei die Marinade auffangen. Marinade aufkochen, den aufsteigenden Schaum abschöpfen.

Einen großen flachen Topf, einen Bräter oder eine Pfanne erhitzen. Fleisch und Gemüse darin mit Sonnenblumenöl bei größter Hitze anbraten – das ist nicht ganz einfach, denn das Fleisch ist äußerlich feucht, zusätzlich tritt Wasser aus. Falls das Fleisch beginnt zu kochen: nicht umrühren, bis die Feuchtigkeit verdunstet ist und sich wieder Röststoffe bilden.

Sobald das Fleisch hell angebraten ist, salzen, Tomatenmark dazugeben, nach 1 Minute mit etwas heißer Marinade löschen. Einkochen, bis das Fleisch wieder beginnt zu brutzeln – einige Male wiederholen, dann Johannisbeergelee zugeben, mit der restlichen Marinade auffüllen, auf dem Herd bei milder Hitze ca. 40 Minuten schmoren. Kurz vor Schluss den Lebkuchen in die Sauce reiben.

Das weich geschmorte Fleisch mit einer Gabel aus dem Ragout herausfischen – »ausstechen«. Die Sauce durch ein Sieb gießen, dabei das Gemüse fest ausdrücken. Rehfleisch zurück in die Sauce geben und abschmecken. Mit Spätzle oder Semmelknödeln und gebratenen Pilzen servieren.

MILCHLAMMSCHULTER

Milchlammschulter in Dolcetto

Für 6 – 8 Personen: 2 Milchlammschultern (je ca. 1 kg oder 1 etwas größere Lammschulter), 3 Rosmarinzweige, 1 TL Fenchelsamen, 3 EL Butter, Salz, Pfeffer, 600 g Schalotten, 1 Fl. trockener, aber nicht zu säuerlicher Rotwein, z. B. ein Dolcetto aus dem Piemont

Lassen Sie sich vom Metzger die Milchlammschultern entbeinen – am schönsten sieht der Braten später aus, wenn der Metzger nur den großen schaufelförmigen Schulterknochen und den anschließenden Röhrenknochen entfernt und den Knochen der Vorderhaxe an Ort und Stelle lässt.

Die Nadeln von 2 Rosmarinzweigen mit 1 TL Fenchelsamen und 1 Butterflöckchen hacken (dann springen die Samen nicht weg), im Innern der Lammschultern verteilen, mit Salz und Pfeffer würzen, zusammenrollen und mit Küchengarn zu einer Rolle binden. Schalotten schälen, grob würfeln.

Die beiden Schulterbraten würzen und mit 2 EL Butter sehr langsam anbraten – so langsam, dass das Braten fast schon ins Dünsten übergeht, das Fachwort ist »poelieren«. Sobald das Fleisch hell gebräunt ist, die Schalotten und 1 Rosmarinzweig zugeben und weiter poelieren, bis auch die Schalotten leicht gebräunt sind. Mit 100 ml Wein loschen, zugedeckt auf kleiner Flamme schmoren, bis die Flüssigkeit verdunstet ist. Wieder ablöschen, schmoren – insgesamt ungefähr 2,5 Stunden lang.

Lammschultern und Rosmarinzweig aus der Schalottensauce nehmen, überschüssiges Fett von der Sauce abschöpfen, abschmecken und mit dem Lamm servieren.

»Bei diesem Rezept
geht es vor allem darum,
dass Lamm- und Rotweinaromen
sich durchdringen.

Ganz nebenbei
werden die Lammschultern
durch das langsame Schmoren
in der Rotweinsäure
noch zarter
als sie sowieso schon sind.«

Dazu liebe ich Ricottanocken – feine Verwandte der lombardischen »Malfatti«: 200 g gekochten Blattspinat fest ausdrücken, am besten in einem Küchentuch, sodass jede überschüssige Flüssigkeit herausgepresst wird (dabei bleiben ca. 150 g übrig). Den Spinat fein hacken. 100 g trockenes Weißbrot im Mixer oder Blitzhacker zerkrümeln. 250 g bröseligen Ricotta in einem Sieb abtropfen lassen oder ebenfalls in einem Tuch ausdrücken. Ricotta mit Spinat, Brotbröseln, 50 g geriebenem Hartkäse, 1 Ei und 1 Eigelb verkneten, mit Salz und Muskat abschmecken.

Mit bemehlten Händen teelöffelgroße Kugeln formen – die kleinen Nocken sollen von einer dünnen Schicht Mehl umhüllt sein, dann halten sie am besten. Eine Probenocke kochen; nur wenn die Nocke zu weich ist, etwas Mehl unter den Teig kneten. Danach alle Nocken in einen großen Topf mit kochendem Salzwasser geben. Sobald sie aufgestiegen sind, noch 3 Minuten ziehen lassen.

Wie die Ente knusprig wird

Die Fachleute der Chips- und Cornflakesindustrie würden sagen: Die Qualität einer Martinsente wird gemessen an ihrer »Crunchiness« auf einer Skala von eins bis zehn.

Die Haut der Ente hat – wie unsere auch – drei Schichten: Das Unterhautbindegewebe besteht aus hautstraffenden Kollagenen und Fettinseln, darüber liegen Lederhaut und Oberhaut. Vor allem die Oberhaut ist sehr fest, um die Ente vor Verletzungen zu schützen, und enthält dafür unter anderem Horneiweiß, das sich sonst in Federn, Krallen oder Fingernägeln befindet. In die Haut eingebettet sind Federtaschen mit jeweils einer Talgdrüse und einem kleinen Muskel, um die Federn zu bewegen.

Damit die Ente knusprig wird, muss der größte Teil des Fettes aus der Haut geschmolzen werden. So wird die Haut beim Braten zu gleichen Teilen von innen und außen knusprig. Gleichzeitig bilden sich Röststoffe, die der Ente Farbe und Geschmack geben.

WIE DIE ENTE KNUSPRIG WIRD

Das klingt einfach, ist auch einfach, funktioniert trotzdem oft nicht. Vergessen Sie zuerst alle Tricks: Selbst berühmte Köche schlagen manchmal vor, Enten oder Gänse mit kaltem Salzwasser oder Bier zu bepinseln, um die Kruste zu verbessern – doch wenn Sie die »Crunchiness« optimieren wollen, darf während des Bratvorgangs keine Flüssigkeit an den Vogel gelangen. Wenn Sie aus rituellen Gründen die Ente gern trotzdem begießen, verwenden Sie bitte das Bratfett.

Sehr fette Enten oder Gänse können Sie vor dem Braten 10 Minuten dämpfen oder mit kochendem Wasser überbrühen, um schon etwas Fett aus der Haut herauszulösen. Meistens reicht es aber, die Haut des Vogels von allen Seiten mit einer Rouladennadel einzustechen: So findet das Fett Kanäle, aus denen es herauslaufen kann. Achten Sie dabei darauf, möglichst nicht ins Fleisch zu stechen, sonst läuft auch Fleischsaft aus.

Krosse Ente (Foto S. 105)

Einer unserer besten Entenbrater, Heinz Wehmann vom »Landhaus Scherrer« in Hamburg, verrät uns seine Methode. Wehmann verwendet Vierländer Enten aus dem Umland von Hamburg, es gibt aber auch in allen anderen deutschen Regionen hervorragende Enten.

1 frische, hochwertige Bauernente, Salz, Pfeffer

Hals und Flügelspitzen von der Ente abschneiden, die Haut der Ente überall einstechen, von innen und außen kräftig mit Salz und Pfeffer würzen. Die Fettpfanne des Backofens auf den Ofenboden stellen, 1 Tasse Wasser hineinschütten, damit das herabtropfende Fett im Ofen nicht verbrennt.

Die Ente auf einem Rost auf die unterste Schiene im Ofen schieben und bei 190 – 210 Grad Umluft etwa 1,5 – 2 Stunden goldbraun und knusprig braten. Wenn die Ente nach 2 Stunden noch nicht goldbraun ist, schalten Sie den Ofen für einige Minuten auf »Grillen« und erhöhen Sie beim nächsten Mal die Temperatur um 5 Grad.

Die Fettpfanne vorsichtig aus dem Ofen nehmen, das Fett abgießen und den Bratensatz mit wenig Wasser lösen – mehr Sauce gibt es leider nicht.

Im Restaurant wird die Bratensauce aus den Fleischabschnitten gekocht – das ist bei einer einzelnen Ente viel Aufwand für wenig Sauce. Sie können die Abschnitte und die Knochen der aufgegessenen Ente aber einfrieren und eine »Jus« kochen, sobald es sich lohnt (siehe Kalbsjus, S. 79). Eine gute Alternative sind Chutneys, z. B. ein frisches pakistanisches Koriander-Chutney: 1 TL Kreuzkümmel rösten und mit 3 – 4 grob gehackten, milden Peperonischoten und 1 TL Salz in einem großen Mörser (oder im Blitzhacker) zerkleinern. 3 Bund Koriander zupfen und mit 2 EL Zitronensaft in den Mörser geben, zu einer Paste zerstoßen und zur Ente servieren.

Crunchy Lachsseite

Ausnahmsweise ein Rezept für 6 – 8 Personen, simpel, aber sehr schick! Es ist nicht ganz einfach den Fisch umzudrehen. Wenn Sie sich unsicher sind, sollten Sie das Filet vor dem Braten halbieren. Selbstverständlich können Sie auch die halbe Menge für 3 – 4 Personen zubereiten.

Für 6 – 8 Portionen: 1 ganze Lachsseite (ohne Gräten, ohne Schuppen, aber mit Haut, ca. 1,2 kg), Salz, Pfeffer, 3 – 4 EL Olivenöl, 2 Zitronen, 2 EL frische Butter, 1 Bund Kerbel (Alternativen: Koriander, Petersilie)

Lachsseite kräftig würzen und mit Olivenöl in einer großen beschichteten Pfanne bei milder Hitze 12 – 16 Minuten auf der Hautseite braten. Wenn nur noch die Filetoberfläche rot ist, dann ist der Lachs fast fertig. Den Fisch mit einer breiten Palette oder zwei Tortenhebern wenden und 3 – 4 Minuten fertig garen. Lachsfilet auf eine große Platte gleiten lassen, den Saft der Zitrone und die Butter in die Pfanne geben, aufschäumen. Die Lachshaut mit einer spitzen Schere einschneiden, sodass Sie den Fisch dann am Tisch leicht in Portionen teilen können. Großzügig mit Kräutern bestreuen und mit der Bratbutter und Zitronenstücken servieren.

Knusprige Hähnchenbrust mit Spaghetti

Eine der besten Mahlzeiten meines Lebens genoss ich nach 30 Stunden Flugreise mit Kleinkind in einem kleinen Haus an der Küste Australiens. Unsere australische Freundin hatte uns dort für die erste Mahlzeit »free range chicken breasts« in den Kühlschrank gelegt, dazu Tomaten, Nudeln, Olivenöl, Einweg-Pfeffermühle, Salz. Und in Nachbars Garten wuchs ein riesiger Rosmarinbusch …

2 Hähnchenbrustfilets, Salz, Pfeffer, 2 EL Olivenöl, 2 Knoblauchzehen, 2 Rosmarinzweige, 3 Tomaten, 500 g Spaghetti, frisch geriebener Parmesan

»Die Hähnchenbrust
wird durch das langsame Braten
auf einer Seite knusprig.

Durchs Fertiggaren
in der Sauce
bekommt die Sauce
den vollen Hühnergeschmack,
das Fleisch bleibt saftig.«

Hähnchenbrustfilets – mit oder ohne Haut – trockentupfen, kräftig würzen und in einer Pfanne mit Olivenöl, 1 gequetschten Knoblauchzehe und 1 Rosmarinzweig bei geringer Hitze auf der Hautseite 8 – 10 Minuten braten. Die zweite Knoblauchzehe mit den Nadeln des zweiten Rosmarinzweigs fein hacken. Tomaten in kleine Würfel schneiden.

Spaghetti nach Packungsanweisung kochen. Hähnchenbrust umdrehen, gehackten Rosmarin und Knoblauch zugeben, einmal umrühren, dann die Tomaten in die Pfanne geben. 1 Minute dünsten, etwas Nudelwasser dazugeben ohne dabei die knusprige Oberseite der Hähnchenbrust zu befeuchten. Bei großer Hitze einkochen, wieder etwas Nudelwasser zugeben und einkochen. Den Vorgang wiederholen, bis die Nudeln gar sind. Nudeln abgießen, aber nicht abschrecken, Hähnchenbrust aus der Pfanne nehmen. Die Sauce soll sämig, aber nicht zu dick sein.

Tomatensauce mit den Nudeln mischen, noch einmal aufkochen und dann auf Teller verteilen. Hähnchenbrust in Scheiben schneiden und auf die Nudeln legen.

Backen und Frieren

Schwung fürs neue Jahr – mit Ferran Adrià!

SCHWUNG FÜRS NEUE JAHR

Die berühmten europäischen Köche des vergangenen Jahrhunderts hatten ihr Leben der Verfeinerung der klassischen französischen Küche gewidmet. Dabei haben die Italiener etwas mehr Olivenöl verwendet, die Deutschen mehr Sahne, die Franzosen erfanden die »Nouvelle Cuisine«, und gegen Ende des Jahrtausends begannen alle, Koriander über das Essen zu streuen. Aber die Grundlagen der Haute Cuisine eines Auguste Escoffier blieben überall unverändert.

Bis 1983 Ferran Adrià in einem kleinen katalanischen Dorf am Meer ein Restaurant übernahm, das »elBulli«. Er organisierte seinen Betrieb ganz anders als alle anderen: sechs Monate Arbeit im Restaurant, sechs Monate im Forschungs- und Entwicklungslabor. Er begann, alle Gesetze der klassischen Küche in Frage zu stellen, verwendete salzige Zutaten für Süßspeisen – wie beim »Pulverisierten Olivenöleis«. Adrià macht Suppe zu Nudeln – wie bei den »Tagliatelle carbonara« aus heißer, gelierter Hühnerbrühe. Er räuchert und schäumt sogar Meerwasser.

Ferran Adrià hat der Küche das gegeben, was auch die deutsche Gesellschaft braucht: einen Anstoß, einen neuen Blick auf die Wirklichkeit. Adrià möchte uns helfen, die großartigen Möglichkeiten des Lebens in unserem Lande zu sehen, deshalb hat er sich für uns ein therapeutisch-kulinarisches Experiment ausgedacht, das Sie daheim leicht ausprobieren können:

Tradiertes Konzept: Essen schmeckt. Um den Geschmack zu beeinflussen, füge ich Gewürze hinzu.

Analyse: Schmecken ist eine ungenaue Zusammenfassung von »schmecken und riechen«.

Hypothese: Durch die Dekonstruktion des Geschmacks in Geschmack und Duft werden auch Vorurteile der gewohnheitsmäßigen Wahrnehmung aufgebrochen. Neue Geschmack-Duft-Kompositionen werden denkbar.

Experiment: Verschiedene Gewürze abwechselnd unter die Nase halten und mit der immer gleichen, neutralen Crème brûlée probieren. Sie werden sehen, dass die Crèmes je nach Gewürz sogar unterschiedlich süß schmecken, obwohl sie alle gleich sind (Rezept siehe S. 115).

Ob Sie einen Tisch in seinem Restaurant bekommen werden, ist mehr als fraglich: Ferran Adrià gilt als aufregendster Koch der Welt. Zum Glück gibt es wenigstens einige Kochbücher von ihm auf Deutsch (siehe S. 186).

SCHWUNG FÜRS NEUE JAHR

APRIKOSEN-GRATIN

Crème brûlée (Foto S. 113)

Das Rezept zum Experiment mit Ferran Adrià (siehe S. 112) schmeckt auch ganz traditionell. Dafür 1 Vanilleschote längs halbieren, auskratzen und mit dem Vanillemark in der Milch mitkochen.

500 ml Milch, 3 Eier, 2 Eigelb, 5 EL Zucker, 1 Vanilleschote, 1 Rosmarinzweig, 1 Duftrose (Blumenladen), 1 Anisstern

Für eine neutrale Crème brûlée die Milch aufkochen. In einem zweiten Topf Eier, Eigelb und 3 EL Zucker verquirlen, unter Rühren die Milch zugießen, vorsichtig erhitzen, bis die Crème leicht bindet, dabei immer weiterrühren. Durch ein feines Sieb gießen und in 16 sehr kleine (oder 4 größere) Keramikförmchen verteilen. Bei 80 Grad Umluft im Ofen 45 – 60 Minuten garen.

Die Förmchen aus dem Ofen nehmen, mit Butterbrotpapier abdecken, abkühlen lassen. Am besten schmeckt die Crème, wenn Sie sie noch am gleichen Tag essen und vorher nicht in den Kühlschrank stellen. Zum Servieren die Portionen mit dem restlichen Zucker bestreuen und unter dem Ofengrill oder noch besser mit einem Brenner möglichst schnell karamellisieren.

Jedes Förmchen mit jeweils entweder der Vanilleschote, dem Rosmarinzweig, der Duftrose oder dem Anisstern dekoriert auf einen kleinen Teller setzen. Jedem Probanden die vier Crèmes mit den vier Gewürzen servieren; da die Gewürze nicht gegessen werden, können Sie sie auch untereinander austauschen. Zum Essen in eine Hand ein Gewürz nehmen, unter die Nase halten, mit der anderen Hand löffeln – das Ergebnis ist erstaunlich.

Karl Baumgartner macht in seinem Pustertaler Restaurant Schöneck (siehe S. 184) ganz andere Experimente mit dem französischen Klassiker: Für seine »Gebrannte Creme von Gartenkräutern« kocht er 375 g Sahne und 125 ml Milch auf, püriert die heiße Milch im Mixer mit den Blättchen von je 2 Zweigen Zitronenthymian, Zitronenmelisse, Ananassalbei (oder einem anderen Fruchtsalbei), Estragon und Basilikum, der Rest des Rezeptes bleibt gleich. Kräuterdesserts wirken oft krampfhaft kreativ – dieses schmeckt toll!

Aprikosen-Gratin

Wenn wir formlos Gäste einladen, aber trotzdem ein kleines Menü kochen möchten, dann gibt es oft ein Früchte-Gratin als Dessert: Die Vorbereitung ist so minimal, dass wir erst nach dem Hauptgang entscheiden müssen, ob es noch einen Nachtisch gibt oder nicht. Hier eine Variante ohne Ei.

400 g Aprikosen, 2 Zweige Minze (falls gerade frische Minze zur Hand ist), 1 EL Zitronensaft, 2 cl Aprikosengeist (Alternativen: Orangenlikör, Rum, für Kinder einfach weglassen), 150 g cremiger Ricotta (oder Sahnequark), 2 EL Vanillezucker, 1 Toastbrotscheibe vom Vortag, 1 EL Nüsse (z. B. Pinienkerne oder Mandeln), Zimt, 1 EL Butter

Aprikosen halbieren, entsteinen und in 4 ofenfeste Formen verteilen. Minzeblättchen fein schneiden, mit Zitronensaft und Aprikosengeist mischen und über die Früchte verteilen. Ricotta mit Vanillezucker verrühren (stecken Sie Ihre ausgekratzten Vanilleschoten in ein großes Glas mit Zucker, der Zucker nimmt den Duft der Vanille auf). Toastbrot mit Nüssen und einer Prise Zimt im Blitzhacker fein zerkrümeln. Die Ricottacreme über die Früchte verteilen, mit Bröseln bestreuen und mit Butterflöckchen belegen. Auf der zweiten Schiene von oben unter dem Ofengrill 3 – 4 Minuten überbacken. Nicht vom Ofen weggehen, damit das Gratin nicht plötzlich verbrennt.

Fettgeflüster

FETTGEFLÜSTER

Karneval: Eine Wolke aus Parfum, Prosecco und Frittierfett legt sich über das Land. Dokusoap-gestählte Bürger verlieren ihre letzten Hemmungen. Jedes Jahr um diese Zeit verbarrikadiere ich mich bis Aschermittwoch in meiner Küche, studiere komplizierte neufundländische Pinguineier-Soufflees und meide den Kontakt zur Außenwelt. Damit Sie es nicht ganz so schwer haben im Faschingswahnsinn, hier mein kleiner Beitrag zur olfaktorischen Schadensbegrenzung: Krapfen und anderes Schmalzgebäck gehören zum Fasching – das sehe sogar ich ein. Sonst überstehen Sie die lange Fastenzeit doch gar nicht! Dabei gilt es aber zwei einfache Regeln zu beachten:

1. Das Fett muss frisch sein und regelmäßig gefiltert werden. Die Theorie, dass älteres Fett schnell eine schöne Farbe auf dem Frittierten erzeugt, stimmt zwar, aber Sie wälzen sich ja auch nicht in Klärschlamm, um im Sommer schön braun zu werden – die chemischen Details will ich Ihnen in diesem Fall ersparen.

2. Es muss genug Frittierfett vorhanden sein. Frittieren heißt Garen bei 175 – 180 Grad, das ist sehr heiß. Eiweiß und Kohlenhydrate an der Oberfläche des Krapfens gerinnen sehr schnell, das Wasser aus den Randschichten verdunstet, und es bildet sich eine schützende Kruste – schützend vor allem vor dem Frittierfett. Korrekt ausgebackene Krapfen, aber auch Wiener Schnitzel oder Pommes frites nehmen nicht besonders viel Fett auf. Wenn Sie etwas Kaltes – nämlich den Krapfenteig – ins heiße Fett geben, dann sinkt die Temperatur. Je mehr Fett Sie verwenden, umso mehr Energie ist darin gespeichert, umso geringer der Temperaturabfall und umso weniger Fett nimmt der Krapfen auf. Zu wenig Fett im Topf bedeutet zu viel Fett im Krapfen.

Perfekte klassische Faschingskrapfen zu Hause zu backen ist schwierig und erfordert sehr viel Übung. Das Rezept ist nur geeignet für rituelle Wiederholungstäter. Mein Freund und Gewährsmann für kulinarischen Frohsinn, der Bestsellerautor von Kochbüchern Sebastian Dickhaut, schenkt uns seine Topfenkrapfen – die sind ganz einfach zu machen und schmecken sowieso viel besser als der Klassiker!

Sebastians Topfenkrapfen

(Foto S. 117)

Für 24 Krapfen: 250 g Mehl, 1 EL Zucker, 1 Prise Salz, 100 ml Milch, 20 g Hefe, 250 g Quark (20 % Fett), 50 g weiche Butter, 2 Eier, 2 l Öl zum Frittieren, Zucker zum Wälzen

Mehl, Zucker und Salz in eine Schüssel geben. In einer Mehlmulde Milch und Hefe zu einem Brei verrühren, 15 Minuten zugedeckt ruhen lassen. Mit Quark, Butter und Eiern zu einem weichen Teig verkneten, zugedeckt 1 Stunde gehen lassen.

Das Öl in einem großen Topf erhitzen. Den Teig mit einem Kochlöffel zusammenschlagen, mit einem Esslöffel kleine Teigportionen abstechen und direkt ins heiße Fett gleiten lassen. Von beiden Seiten je 1 – 2 Minuten goldbraun backen. Die Krapfen auf Küchenpapier abtropfen lassen, in Zucker wälzen und schnell essen.

Hollerkücherl

Die meisten Bayern verwenden einen dünnen Bierteig oder einen Weinteig, um ihre Holunderblüten auszubacken. Bei den Recherchen für unser Buch über die Küche Vietnams haben wir einen Ausbackteig mit Reismehl gefunden, der knuspriger ist als die herkömmliche Version.

100 g Reismehl (Asienladen), Salz, 1 TL Zucker, 100 g Butter, 200 ml Öl oder Butterschmalz, 12 kleinere Holunderblüten, Puderzucker

Für den Teig Reismehl mit einer Prise Salz und 1 TL Zucker mischen, mit 140 ml warmem Wasser zu einem glatten Teig verrühren. 30 Minuten ruhen lassen. Butter und Öl in einer Pfanne erhitzen. Nacheinander die Holunderblüten in den Backteig tunken und mit den Blüten nach unten im Fett goldbraun und knusprig backen. Zwischendurch den Teig immer wieder durchrühren, denn das Reismehl setzt sich schnell ab. Die Blüten auf Küchenpapier abtropfen lassen, mit Puderzucker bestäuben und servieren.

Manchmal werden die Kücherl mit Dickmilch serviert – die säuerliche Milch passt gut dazu. Auf 250 g Dickmilch oder Joghurt gebe ich 2 EL Honig, wenig abgeriebene Zitronenschale und manchmal 2 EL weißen Rum oder Cachaca.

Kirchweihkrapfen

In den deutschsprachigen Alpen wird vieles »Krapfen« genannt, was durch ein Fettbad wandert. Unsere Kirchweihkrapfen sehen eher aus wie frittierte, gezuckerte Ravioli. Am besten schmecken die Krapfen, solange sie noch warm sind – für große Feste werden sie aber oft schon am Vortag zubereitet.

Für 40 Krapfen: 500 g Weizenmehl, 100 g Roggenmehl, 1 Prise Salz, 1 Eigelb, 1 EL Öl, 100 g gemahlener Mohn, 2 EL Zitronensaft, 400 g Powidl (oder Zwetschgenkonfitüre), 2 cl Aprikosenbrand, 2 l Öl zum Frittieren, Puderzucker zum Bestreuen

Weizenmehl, Roggenmehl und Salz mischen, mit 375 ml lauwarmem Wasser, Eigelb und Öl zu einem geschmeidigen Teig kneten – die Konsistenz erinnert an einen Strudelteig. Den Teig zudecken und mindestens 30 Minuten ruhen lassen.

In der Zwischenzeit die Füllung vorbereiten. In einer großen Pfanne ohne Fett den Mohn rösten, bis er duftet, mit Zitronensaft löschen. Etwas abkühlen lassen und mit Powidl und Aprikosenbrand mischen.

Den Teig auf einem mit Mehl bestäubten Arbeitstisch dünn ausrollen (ca. 40 x 50 cm). Der Länge nach mit einem Teigrad halbieren. Jeweils die Hälfte des Teiges mit der Füllung bestreichen, die andere Hälfte darüber klappen, leicht andrücken. Jeden Teigstreifen ungefähr auf die doppelte Länge ausziehen und dann in Quadrate schneiden.

Die Krapfen im heißen Fett goldbraun backen, dabei immer wieder umdrehen. Auf Küchenpapier abtropfen lassen und mit Puderzucker bestäuben.

Haltbare Plätzchen

Sie möchten die ruhigen, langen Winterabende nutzen, um gemütlich Weihnachtsplätzchen zu backen? Das ist gut, gut fürs Gemüt und gut für Ihren Vorratsschrank – im Gegensatz zu Weißbrot hält Ihr Gebäck problemlos bis Weihnachten, wahrscheinlich bis Ostern, die Lebkuchen sogar bis zur nächsten WM.

Ernst Gärth, Backstubenleiter beim Backhaus Rischart in München, verrät uns, was die Haltbarkeit unserer Backwerke bestimmt: Beim Backen schmilzt die Stärke im Mehl und bildet zusammen mit dem Wasser im Teig eine Art Gel. Beim Abkühlen bindet die Stärke noch mehr Wasser – diese neuen Stärkestrukturen schmecken »altbacken« und scheinen trocken zu sein, obwohl noch gar kein Wasser verdunstet ist. Baguette- und Brezenteige zum Beispiel enthalten sehr viel Wasser. Dieses Gebäck beginnt altbacken zu werden, noch bevor es ganz abgekühlt ist.

HALTBARE PLÄTZCHEN

Die meisten Plätzchenteige sind viel trockener als Brotteig und enthalten dafür reichlich Butter und Zucker. Butter bildet beim Kneten des Teiges einen dünnen Film um die Stärkestrukturen herum. Die Stärke kann dadurch weniger Wasser aufnehmen, weniger Gel bilden und kaum altbacken werden. Zucker unterstützt diesen Effekt, indem er zusätzlich freies Wasser bindet. Plätzchen können höchstens ranzig werden, das dauert in einer trockenen Umgebung aber mindestens einige Wochen oder Monate.

Bewahren Sie Ihre Plätzchen also trocken auf: Der Behälter sollte dicht sein und selten geöffnet werden, nehmen Sie lieber mehrere Kekse auf einmal heraus, als für jeden Keks einen Schwall feuchter Luft in die Dose zu lassen. Geben Sie einige Esslöffel Reis zu den Keksen; Reis zieht Wasser an und hält die Kekse trokken.

Klassische Lebkuchen enthalten noch nicht einmal Fett und halten damit eigentlich ewig. Damit sie saftig schmecken, sollten Sie in den letzten Wochen vor dem Verzehr einen ganzen Apfel zu den Lebkuchen legen, der allmählich etwas Feuchtigkeit an das Gebäck abgibt.

HALTBARE PLÄTZCHEN

Ernst Gärths südbayerische Honigkuchenpferde

(Foto S. 123)

Die wichtigste Zutat für diesen Lebkuchenteig ist Geduld – ähnlich wie für manchen alten Whisky oder Armagnac.

750 g Honig, 250 g Roggenmehl, 500 g Weizenmehl, 1 EL (15 g) gemahlener Zimt, 1 TL (6 g) gemahlene Nelken, ½ TL (3 g) gemahlene Muskatblüte, je 1 Msp. (1 g) gemahlener Koriander, Fenchel und Piment, 2 EL (30 g) Backpulver, Fett und Mehl für das Blech, 1 Eiweiß, Salz

Honig mit Roggen- und Weizenmehl zu einem festen Teig kneten. Den Teig luftdicht einpacken und am besten 10 Monate lang (!) in den kühlen Keller legen – so kann das Mehl ganz langsam Wasser aus dem Honig aufnehmen und sanft quellen, ohne dass sich dabei Klebereiweiß bildet. Der Lebkuchen wird dann besonders zart.

Jetzt haben Sie genug Zeit, um schon mal alle Gewürze für das südbayerische Lebkuchen-Gewürz zu mischen. Den Teig einige Stunden an einem warmen Ort temperieren, bis er die Konsistenz von Plastilin hat. Backpulver und Lebkuchengewürz unter den Teig kneten. Den Teig 5 mm dick ausrollen, große Pferde ausstechen, die Teigstücke mit Wasser bepinseln.

Die Lebkuchen auf gefetteten, leicht bemehlten Blechen bei 175 Grad für 15 – 20 Minuten backe (keine Umluft). Eiweiß mit einer kleinen Prise Salz und 1 EL Wasser verquirlen, die heißen Lebkuchen damit bestreichen, abkühlen lassen.

Springerle

Springerle sollen bei der Lagerung Feuchtigkeit aufnehmen, genauso wie Lebkuchen – legen Sie also einen Apfel mit in die Keksdose. Um den Springerle ihr typisches Relief zu geben, benötigen Sie eigentlich so genannte »Model« aus Holz. Für unser Foto haben wir die Springerle mit Buchstabenstempeln beschriftet, mit denen normalerweise Ledergürtel geprägt werden.

Für 30 – 40 Stück: 2 Eier, 200 g Puderzucker, 1 Pck. Vanillezucker, 300 g Mehl, 1 Msp. Backpulver, 1 TL Anissamen, Mehl zum Ausrollen, Butter für das Blech

Eier, Puderzucker und Vanillezucker dick und schaumig schlagen. Mehl und Backpulver mischen, nach und nach auf die Eiercreme sieben und unterrühren, bis am Ende ein fester Teig entsteht. Auf einer bemehlten Arbeitsfläche 1 cm dick ausrollen. Teigstücke in der Größe Ihrer Model ausschneiden, die Model mit Mehl ausstäuben, abklopfen, den Teig vorsichtig hineindrücken, überstehende Ränder abschneiden. Die Springerle auf ein gebuttertes, mit Anis bestreutes Blech setzen, 24 Stunden trocknen lassen.

Im Ofen auf der mittleren Schiene bei 160 Grad (keine Umluft) 30 Minuten backen. Dabei ein zweites leeres Backblech über den Springerle in den Ofen schieben, damit die Kekse keine Farbe nehmen, sondern ganz hell bleiben.

Die abgekühlten Kekse erst nach 2 Tagen in eine Dose legen, Springerle brauchen mehrere Wochen, um weich zu werden.

SPEKULATIUS

SPRINGERLE

Spekulatius

Am Niederrhein ein typisches Weihnachtsgebäck, ist Spekulatius die Antithese des Lebkuchens: Er ist dünn, knusprig und soll das auch bleiben – geben Sie etwas Reis mit in die Keksdose. Auch Spekulatius werden am schönsten, wenn Sie sie mit speziellen Modeln formen. Das Relief im Spekulatiusmodel ist allerdings viel flacher, dafür feiner als das Relief für Springerle. Unsere Model hat der Schmuckdesigner Patrick Muff aus München entworfen. Falls Sie keine Model zur Hand haben: Die Kekse schmecken auch ohne Relief sehr gut.

Für 40 – 50 Stück: 170 g Zucker, 60 g Honig, 130 g Butter, 320 g Mehl, ½ TL Zimt, je 1 Msp. gemahlene Nelken, Kardamom, Salz und Backpulver, 1 Eigelb, 2 EL Milch, Mandelblättchen und Bienenwachs für das Blech, Mehl zum Ausrollen

Für den Teig alle Zutaten abwiegen. Zucker und Honig miteinander mischen, mit den Fingerspitzen die Butter grob untermischen. Mehl und Gewürze zugeben, alles zügig miteinander verkrümeln. Eigelb und Milch zugeben und schnell zu einem Ball verkneten. Zudecken und mindestens 30 Minuten kühl stellen.

Ein Backblech leicht erwärmen und mit Bienenwachs bestreichen. Einige Mandelblättchen auf das Blech streuen. Ein Drittel vom Teig auf einer bemehlten Arbeitsfläche 2 mm dünn ausrollen, den Rest im Kühlschrank lassen. Teigstücke in der Größe Ihrer Model ausschneiden, die Model mit Mehl ausstäuben, abklopfen, den Teig vorsichtig hineindrücken. Spekulatius »aus der Form schlagen«, mit einer Palette oder einem breiten Messer auf das Blech setzen.

Im Ofen auf der mittleren Schiene bei 175 Grad (keine Umluft) 10 Minuten hellgolden backen. Auf einem Gitter abkühlen lassen. Trocken lagern.

Die Olga im Strudel

Strudelteig ist zäh, genauso wie Brotteig oder Blätterteig. Aber nur Strudelteig können Sie papierdünn ausziehen. Damit der Teig eine feine, faltenfreie Oberfläche bekommt, die beim Ausziehen nicht reißt, müssen Sie ihn »schleifen«:

Formen Sie eine Kugel aus dem Strudelteig, legen Sie die Finger Ihrer Hände im rechten Winkel übereinander, Handflächen nach unten, und wölben Sie die Hände zu einer Art umgedrehter Schale. Legen Sie diese »Schale« über die Teigkugel und lassen Sie Hände und Teig gleichmäßig kreisen, bis der Teig eine samtige, glatte Oberfläche bekommt. Drehen Sie den Teig um und sehen Sie – ins Auge des Taifuns.

DIE OLGA IM STRUDEL

Joachim Schug, Meteorologe für Jörg Kachelmann, erklärt uns: Wenn sich mitten über dem Atlantik kalte und warme Luftmassen treffen und dabei die kalte Luft ein bisschen schneller als die warme Luft fließt, weicht die warme Luft nach oben aus. Kalte Luft fließt unten nach, es bildet sich eine Luftwalze, die durch die Erddrehung ins Wirbeln gebracht wird – und schwups ist das Tiefdruckgebiet fertig. Während Sie Ihren Teig schleifen, kommt die Rotation aus Ihren Händen, nicht aus der Drehung der Erdkugel. Auch bilden sich keine Gewitter an den Grenzen des Strudelteigs – trotzdem strömt es dort aber ganz ähnlich wie im Taifun »Olga« oder »Frauke«:

Während Ihre linke Hand gegen die Teigkugel drückt, schiebt der kleine linke Finger die Teigoberfläche links unten unter die Teigkugel.

Gleichzeitig wird die Teigkugel nach rechts oben gedrückt und dort die Teigoberfläche gedehnt. Durch die kreisende Bewegung Ihrer Hände wandern »Druckpunkt« und »Dehnpunkt« um den Teig herum, unter dem Teig entsteht ein Strudel, der bis knapp unter die Oberfläche der Teigkugel reicht und dort den eingesaugten Teig wieder freigibt. Durch die Kombination aus vertikalen und horizontalen Drehbewegungen werden sowohl die Luft im Tiefdruckgebiet als auch der Teig in der Strudelkugel extrem gut durchmischt.

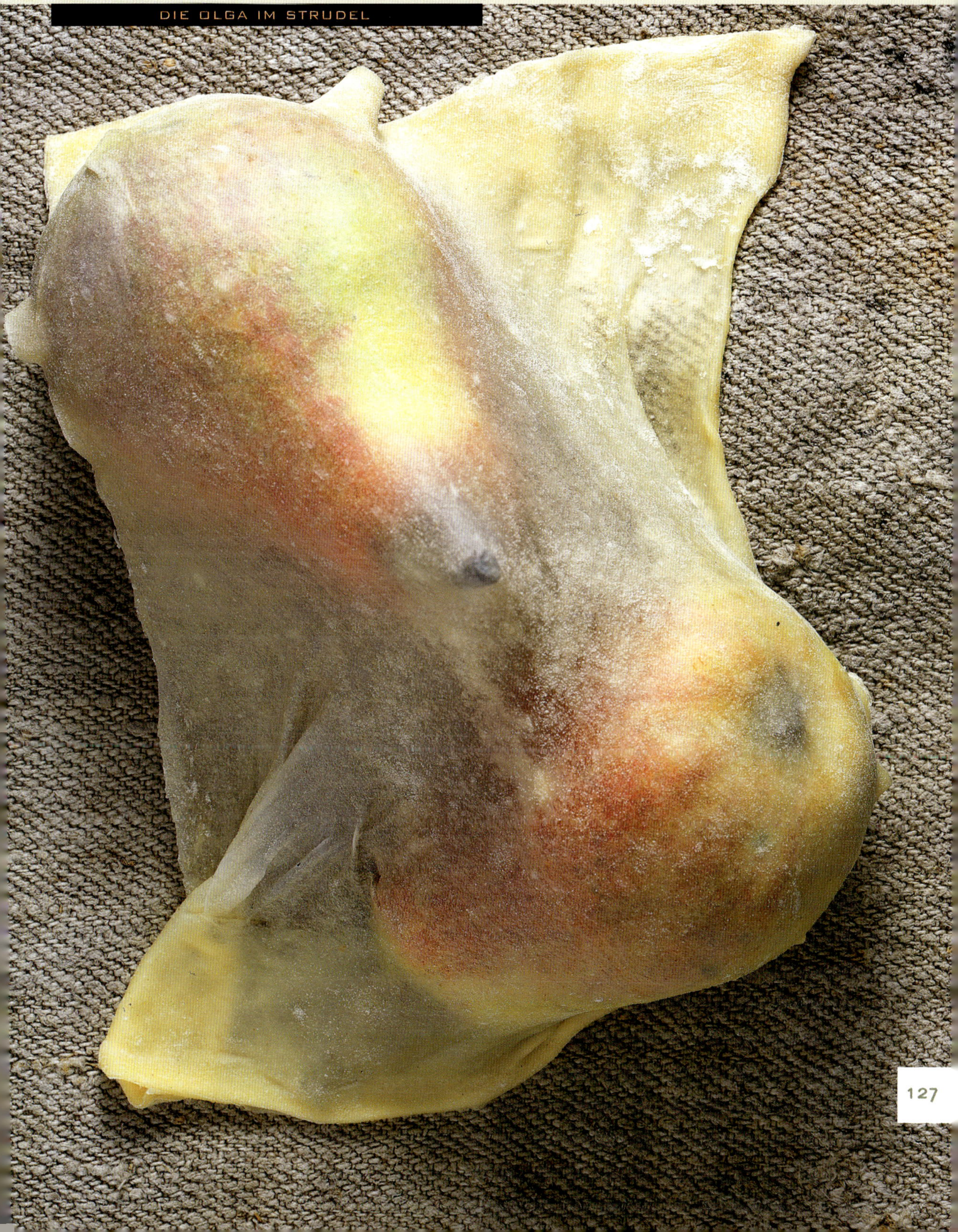

BIRNENSTRUDEL

Strudelteig (Grundrezept)

Strudel gehören zu meinen Lieblingsdesserts – das Grundrezept ist unkompliziert und schmeckt immer gut. Wenn Sie dem Teig viel Konzentration und Aufmerksamkeit widmen, ist das Schleifen und Ausziehen ein sinnlicher Genuss. Der Teig wird dabei jedes Mal feiner, zarter und knuspriger.

200 g Mehl, Salz, 2 EL Öl, 1 Eigelb, Mehl zum Ausziehen

Für den Teig Mehl, 1 Prise Salz, Öl, Eigelb und 80 – 100 ml lauwarmes Wasser in einer Schüssel mischen. Auf der Arbeitsfläche mindestens 5 Minuten kräftig durchkneten, dann zu einer Kugel formen. Mit gleichmäßigen, kreisenden Bewegungen der im rechten Winkel übereinander gelegten Hände (siehe S. 126) die Teigkugel schleifen, bis die Oberfläche samtig glatt ist. Mit wenig Öl bestreichen, mit Folie abdecken und mindestens 30 Minuten ruhen lassen.

Ein großes Tuch ausbreiten, mit Mehl bestäuben. Den Teig erst ausrollen, dann nach allen Seiten dünn ausziehen. Dazu mit dem bemehlten Handrücken unter den Teig greifen, mit dem zweiten Handrücken ebenfalls unter den Teig greifen und vorsichtig Richtung Tischkante ziehen. Von allen Seiten wiederholen, bis der Teig sehr dünn ist, dicke Teigränder abschneiden.

Birnenstrudel

Unser Grundrezept eignet sich auch für Äpfel, Heidelbeeren oder Aprikosen – bei den saftigeren Früchten den Zucker weglassen und durch Löffelbiskuitbrösel ersetzen.

1 Rezept Strudelteig, 1 kg Birnen, ½ Bio-Zitrone, 100 g Pinienkerne (oder andere Nüsse), 100 g Zucker, 4 EL getrocknete Früchte (z. B. Rosinen), 1 TL gemahlener Kardamom, 80 g Löffelbiskuits, 100 g Butter, 100 g Sauerrahm (nach Belieben)

Für die Füllung: Birnen schälen, vierteln und in Scheiben schneiden. Zitrone waschen, die Schale abreiben, den Saft auspressen und beides mit den Birnenscheiben mischen. Pinienkerne in einer Pfanne ohne Fett kurz rösten, bis sie duften, grob hacken. Zucker, Rosinen, Pinienkerne und Kardamom zu den Birnen geben. Löffelbiskuits in einem Gefrierbeutel mit dem Nudelholz zerkrümeln, die Butter schmelzen.

Den Strudelteig ausziehen wie links beschrieben, mit Butter bepinseln und mit Biskuitbröseln bestreuen. Die Füllung entlang einer Querseite auf einem Viertel des Teiges verteilen, Sauerrahm auf die Früchte streichen. Zum Einrollen das Tuch auf der Seite, auf der die Früchte liegen, anheben, den Strudel gegen die freie Teigseite hin einrollen. Mit der Teignaht nach unten auf ein gefettetes Backblech gleiten lassen, mit Butter bestreichen.

30 Minuten bei 180 Grad Umluft goldbraun backen, dabei zwei- bis dreimal mit Butter einstreichen.

Strudelteigtaschen mit Ziegenfrischkäse

Strudelteig ist geschmacksneutral, es gibt auch viele gute Rezepte für Gemüsestrudel. Besonders gerne mag ich die Kombination aus knusprigem Teig, warmem, weichem Frischkäse und würzigem Waldhonig. Alleine als Käsegang oder mit einem kleinen Salat als Vorspeise schmeckt das wunderbar. Eine Rezeptmenge ergibt 8 Strudelteigtaschen. Wenn Sie nur 4 verwenden, können Sie den Rest gut einfrieren und bei Bedarf direkt bei 170 Grad Umluft 30 Minuten backen.

Für 8 Stück: 1 Rezept Strudelteig (siehe S. 129),
2 Scheiben Toastbrot vom Vortag,
2 EL Kürbiskerne, 6 EL Olivenöl, Salz,
3 – 4 Zweige Thymian, 250 g Kirschen,
250 g Ziegenfrischkäse, Pfeffer,
4 EL Waldhonig

Das Toastbrot im Blitzhacker fein zerkrümeln, die Kürbiskerne zugeben und grob zerkleinern. Die Brösel mit 2 EL Olivenöl rösten, bis sie duften, aus der Pfanne nehmen und leicht salzen. Thymianblättchen zupfen, hacken und mit den Bröseln mischen. Die Hälfte der Kirschen entsteinen und vierteln.

Den Strudelteig ausziehen (siehe S. 129), mit Olivenöl bepinseln und mit einem Teigrad in 8 Rechtecke schneiden. Die Brösel auf den Teig streuen, den Ziegenkäse jeweils quer auf ein Viertel der einzelnen Teigflächen bröseln, pfeffern. Kirschstück auf dem Käse verteilen. Die Teigstücke je dreimal umschlagen, sodass sich schmale längliche Päckchen ergeben. An den Enden zusammendrücken.

Auf ein gefettetes Backblech legen, mit Olivenöl bestreichen und 20 Minuten bei 200 Grad Umluft goldbraun backen, zwischendrin zweimal mit Olivenöl einstreichen. Die kleinen Käsestrudel mit Honig und den restlichen Kirschen servieren.

Ein sehr praktisches Halbfertigprodukt für süße, salzige oder sonstige Strudelteigtaschen sind dreieckig vorgeschnittene Yufka-Blätter für Zigaretten-Börek (eine Art türkische Frühlingsrolle): Angebrochene Packungen können Sie einwickeln und einfrieren. Bei Bedarf nehmen Sie den Teig aus dem Tiefkühler, warten einige Minuten und ziehen dann nacheinander so viele Teigschichten ab, wie Sie benötigen, den Rest lassen Sie dabei gar nicht erst auftauen. Yufka finden Sie nicht nur im Kühlregal türkischer Supermärkte, es gibt den Teig in manchen türkischen Bäckereien sogar ganz frisch.

KLEINE PILZE – GROSSER TEIG

Kleine Pilze – großer Teig

»S'ils n'ont pas de pain, qu'ils mangent de la brioche.« – »Wenn sie kein Brot haben, dann sollen sie doch Brioche essen.« Selten in der Geschichte wurde die Entfremdung einer Regierung von ihrem Volk deutlicher als in diesem Ausspruch der französischen Königin Marie Antoinette. (Der Satz wurde der Königin allerdings erst nach ihrem Tod in den Mund gelegt, in Wahrheit stammt er aus dem Buch »Confessions« von Jean Jacques Rousseau.) Ein paar Jahre später endete sie zusammen mit ihrem Mann Louis XVI. auf der Guillotine.

Wir können uns glücklicherweise aussuchen, ob wir Brot oder Brioche essen wollen. Denn das helle Weizenmehl, das am besten geeignet ist, um feine Teigstrukturen zu stabilisieren ist – in Europa – heute allgemein verfügbar. Mehl, Hefe und Wasser sind alles, was es braucht.

Weizen ist das Getreide mit dem höchsten Gehalt an Gliadin und Glutenin, den Eiweißstoffen, die beim Kneten ein elastisches Netz bilden – das Gluten oder Klebereiweiß. Beim Kneten werden die anfangs völlig verfilzten Moleküle teilweise voneinander getrennt, abgewickelt, auseinander gezogen und neu verknüpft. Sobald Sie genug Gluten geknetet haben, klebt der Teig nicht mehr und bekommt eine seidige glatte Oberfläche. Dabei bilden die kleineren Gliadin-Moleküle sozusagen die Knoten im Netz. Die Glutenin-Moleküle sind sehr lang und haben die Struktur einer Spiralfeder. Diese »Federn« dehnen sich aus, während der Teig geht, so hält der Teig die entstehenden Gasblasen fest, ohne dabei seine Struktur zu verlieren. Zwischen den Protein-Molekülen wird reichlich Wasser eingelagert und durch elektrische Anziehung (Wasserstoffbrückenbindungen) festgehalten. Beim Backen wird das Gluten-Netz hart und gibt dem Teig damit seine feste Struktur.

In einem Hefewürfel sind große Mengen kleiner Hefezellen versammelt, die nur darauf warten, dass Sie sie füttern. Sobald Sie die Hefe mit Wasser und Mehl vermischen, beginnen die einzelligen Pilze sich zu vermehren. Sie verstoffwechseln kleine freie Stärkekörnchen im Teig zu Kohlenstoffdioxid und Wasser. Das Gas strömt in kleine Luftbläschen, die beim Kneten entstehen, und bläst diese auf. Wenn Sie den Teig mit der Hand kneten, sind es in der Regel weniger, dafür größere Luftblasen, mit der Maschine werden es mehr, dafür kleinere Bläschen.

Zucker und Fett aus Eiern oder Butter behindern die Arbeit der Hefe und die Bildung von Klebereiweiß. Schwere Teige müssen Sie also länger kneten und sie gehen langsamer auf – dafür sind die fertig gebackenen Brioches sehr zart, saftig und feinporig. Vive la révolution!

Buttermilch-Baguette

Das Rezept ist einfach, das Ergebnis immer gut – aber mit verschiedenen Mehlsorten, Teigmaschinen und Backöfen fällt es immer ein wenig anders aus. Worauf es ankommt, damit Sie zum Baguette-Guru werden: So viel Flüssigkeit verwenden, wie Ihr Mehl aufnimmt – dann wird das Brot saftig. So viel Luft in den Teig kneten, wie möglich – so wird das Brot locker. Temperaturabfall im Backofen vermeiden – dann wird das Brot außen knusprig, ohne innen auszutrocknen. Also gut vorheizen, keine Heißluft.

Für 2 Baguettes: 500 g Mehl, 2 TL Salz, ½ Würfel Hefe, 2 EL Zucker, 350 ml Buttermilch (für die traditionelle Variante: 325 ml Wasser), Butter und Mehl für das Blech

Mehl und Salz in eine Rührschüssel geben. Eine kleine Mulde formen, Hefe hineinbröseln und Zucker zugeben. Buttermilch leicht erwärmen, ungefähr ein Drittel davon mit Hefe, Zucker und etwas von dem Mehl in der Mulde verrühren. Diesen Vorteig mit Mehl bestäuben, zudecken und an einem warmen Ort gehen lassen. Nach 5 Minuten beginnt die Hefe zu arbeiten, es bilden sich kleine Risse im Mehl.

Jetzt die restliche Buttermilch zum Teig gießen und den Teig kneten, bis er nicht mehr klebt. Am besten geht das in einer Teigmaschine auf höchster Stufe, damit möglichst viel Luft unter den Teig geknetet wird. Am zweitbesten mit den Händen – eine gute Übung für die Unterarme. Den fertigen Teig mit einem Tuch zudecken und ca. 30 – 40 Minuten gehen lassen, bis sich das Volumen verdoppelt hat.

Backofen auf 220 Grad vorheizen, ein Backblech mit Butter bestreichen und wenig Mehl darüber stäuben. Den Teig vorsichtig mit einem breiten Schaber aus der Schüssel lösen und auf die Arbeitsfläche gleiten lassen. Mit dem Rücken eines großen Messers der Länge nach teilen, mit etwas Mehl bestäuben. Zwei lange schmale Laibe formen, dabei so wenig wie möglich rollen, nicht kneten! So bleibt die Luft im Teig, das Baguette wird locker und saftig. Laibe auf das Blech legen, wieder zudecken und noch einmal 20 Minuten gehen lassen.

Mit einem scharfen Messer oder einer Rasierklinge jeden Brotlaib einige Male schräg einschneiden. Im Backofen auf der zweiten Schiene von unten 20 Minuten goldgelb backen. Lauwarm servieren oder vor dem Essen kurz aufbacken.

Brioche

Für 16 Brioches: 500 g Mehl, 1 TL Salz, ½ Würfel Hefe, 4 EL Zucker, 100 ml Milch, 150 g zimmerwarme Butter und etwas Butter für die Formen, 3 Eier, 1 Eigelb zum Bestreichen, außerdem: 16 Briocheformen aus Metall (ca. 5 – 7 cm Durchmesser)

Mehl und Salz in eine Rührschüssel geben. Eine kleine Vertiefung ins Mehl drücken, Hefe hineinbröseln und Zucker zugeben. Milch in einem kleinen Topf oder in der Mikrowelle leicht erwärmen, mit Hefe, Zucker und etwas von dem Mehl in der Mulde verrühren. Diesen Vorteig mit Mehl bestäuben, ein Tuch über die Schüssel legen und an einem warmen Ort 10 Minuten gehen lassen.

Butter und Eier zugeben, alle Zutaten verkneten. Kräftig durcharbeiten, bis der Teig nicht mehr klebt. Zudecken und an einem warmen Ort weitere 40 – 60 Minuten gehen lassen, bis sich das Volumen verdoppelt hat. Teig aus der Schüssel nehmen, kurz kneten, wieder in die Schüssel legen und noch einmal 20 Minuten ruhen lassen.

Backofen auf 180 Grad vorheizen (Umluft 160 Grad). Briocheteig auf der Arbeitsfläche in 20 gleich große Stücke teilen. 16 Teigstücke zu glatten Kugeln rollen. Briocheformen buttern, in jede Form eine Teigkugel legen, einige Minuten ruhen lassen. In der Zwischenzeit die 4 verbleibenden Teigstücke vierteln und kleine glatte Kugeln daraus

rollen. Mit dem Daumen tiefe Mulden in die großen Teigbälle drücken, die kleinen hineinsetzen, leicht andrücken, 10 Minuten gehen lassen.

Eigelb mit 2 EL Wasser verquirlen, die Brioches damit bestreichen, 25 Minuten auf der zweituntersten Schiene backen.

Sie können die Brioches auch in anderen Formen backen – wenn die Formen deutlich größer sind, erhöht sich die Garzeit, dafür sollten Sie die Temperatur etwas reduzieren. Für das Foto haben wir den Teig in mehreren kleinen Kastenformen gebacken.

FLADENBROTE

Saftige Fladenbrote

Damit ein Hefeteig viel Wasser aufnehmen kann, muss er beim Kneten ein starkes Klebereiweiß-Gerüst ausbilden, sonst verliert er beim Backen seine Form – das wäre fatal für die meisten Brote und Kuchen. Deutlich mehr Wasser nimmt der Teig auf, wenn er gar nicht formstabil sein muss, entweder weil Sie Ihr Brot in einer Kastenform backen oder weil Sie Fladenbrot backen – die ursprünglichste aller Brotformen.

Zutaten für 8 Fladenbrote: 250 g Weizenvollkornmehl, ¼ Hefewürfel, 200 ml Dickmilch, 250 g Roggenmehl, 1 TL Salz, 2 EL Olivenöl, Grieß zum Ausrollen, 1 TL Koriandersamen (nach Belieben)

250 ml lauwarmes Wasser in eine Schüssel gießen, Weizenvollkornmehl zugeben, Hefe darüber bröseln und mit einem Rührgerät vermischen. Mit einem Küchentuch zudecken und an einem warmen Platz 30 Minuten gehen lassen. Dickmilch, Roggenmehl und Salz zugeben und zu einem sehr weichen Teig verkneten. 10 Minuten gehen lassen.

Mit 1 EL Öl beträufeln und mit einem Teigschaber einmal am Rand der Schüssel entlangfahren, um den Teig zu lösen. Zugedeckt 30 Minuten gehen lassen, anschließend mit dem restlichen Öl beträufeln.

Backofen auf 250 Grad Umluft vorheizen. Die Arbeitsfläche und ein Backblech mit reichlich Grieß bestreuen, den Teig aus der Schüssel nehmen und in 4 Stücke teilen. Hände ebenfalls mit Grieß bestäuben, jedes Teigstück zu einem runden, etwa 2 cm dicken Fladen formen und auf das Backblech legen. Noch einmal 20 Minuten ruhen lassen.

Fladenbrote 5 Minuten backen, Ofentemperatur auf 200 Grad reduzieren und 10 Minuten fertig backen.

Das Brot schmeckt am besten noch warm, frisch aus dem Ofen oder aufgebacken. Ideal zu allen Vorspeisen und als Begleiter für die indische und orientalische Küche.

Tourte du Valgaudemar – Französischer Hefekuchen mit Vanillecreme

Für 1 Kuchen: 300 g Mehl, 3 EL Zucker, Salz, ½ Würfel Hefe, 1 Ei und 1 Ei zum Bestreichen, 60 g weiche Butter, Zitronenschale oder Orangenschale; für die Creme: 500 ml Milch, 100 g Zucker, 1 EL Vanillezucker, 3 Eigelb, 1 Pck. (40 g) Vanillepuddingpulver, 2 cl Rum

»Im Valgaudemar (siehe S. 185) liegt ein sehr schöner Nationalpark der französischen Alpen.

Das Tal ist bekannt für seine guten Wurstwaren und für diesen besonderen Vanillekuchen.

Der Teig eignet sich auch für Hefezopf oder Buchteln.«

Mehl, Zucker und eine Prise Salz in einer Schüssel mischen, eine Mulde in der Mitte formen. Die Hefe in der Mulde mit 3 EL lauwarmem Wasser verrühren, mit Mehl bestäuben und an einem warmen Ort 10 Minuten gehen lassen. Ei, Butter und Zitronenschale zugeben, kräftig kneten, bis der Teig nicht mehr klebt. Zudecken und an einem warmen Ort weitere 60 – 90 Minuten gehen lassen, bis sich das Volumen verdoppelt hat.

Währenddessen die Füllung vorbereiten: Milch aufkochen, Zucker, Vanillezucker, Eigelb und Puddingpulver verrühren, mit dem Schneebesen unter die kochende Milch schlagen, immer weiterrühren. Sobald die Creme noch einmal aufkocht und dabei dick wird, den Rum zugeben, Creme vom Herd nehmen und in eine kalte Schüssel umfüllen.

Den Teig in 2 Kugeln teilen, jede Teigkugel auf einem großen Stück Backpapier zu einem Kreis mit 32 cm Durchmesser ausrollen. Vanillecreme auf einem der Kreise verteilen, mit dem zweiten verschließen, den Rand fest andrücken, dann den Rand rundherum nach innen umlegen und noch einmal fest andrücken.

1 Ei mit 2 EL Wasser verquirlen, den Kuchen damit einstreichen und bei 175 Grad Umluft 20 Minuten goldbraun backen.

Eine eiskalte Lösung

Nur reines Wasser wird zu Eis, alle anderen Zutaten im Speiseeis sorgen dafür, dass sich kleine Eiskristalle anstelle eines großen festen Eiswürfels bilden.

Wenn Speiseeis gefriert, bilden sich kleine Eiskristalle an winzigen Fruchtstückchen in der Eismasse. Zwischen den Eiskristallen steigt die Alkohol- und Zuckerkonzentration immer weiter an, und der Gefrierpunkt in dieser Lösung sinkt, sodass stets ein Rest sehr kalter Flüssigkeit zwischen den »Eisinseln« bleibt und die Bildung großer Eiskristalle behindert. Gleichzeitig werden Zucker- oder Alkoholmoleküle in die Kristalle eingelagert und stören dort die Ausbildung eines festen Kristallgitters – es sinkt nicht nur der Gefrierpunkt des Eisklotzes, seine Konsistenz wird insgesamt mürbe.

Cremig wird das Eis erst, sobald Luft hineinkommt. Mit einer Eismaschine, die die Eismasse ständig bewegt, ist das kein Problem. Zu Beginn werden die Fruchtstückchen so gut verteilt, dass sich sehr viele sehr kleine Kristalle bilden. Alle größeren Eisstücke werden sofort wieder zerschlagen. Bei der industriellen Eisherstellung wird sogar direkt Pressluft ins Eis geblasen. Das spart viel Geld und wird als »zarter Schmelz« beworben.

EINE EISKALTE LÖSUNG

Ohne Eismaschine können Sie relativ erfolgreich zu rabiaten Methoden greifen: Werfen Sie 1 Paket (400 g) leicht angetaute Tiefkühl-Himbeeren mit etwa 100 g Puderzucker in einen Mixer und helfen Sie mit einem Kochlöffel bei der Umwälzung der Eismasse nach. Das führt ohne Umwege zu einem erstaunlichen Himbeer-Sorbet. Falls es im Mixer zu weich wird, stellen Sie das Sorbet eine Zeit lang ins Gefrierfach. Diese Methode ist allerdings für Mensch und Mixer nicht ganz ungefährlich! Wir übernehmen keinerlei Haftung!

Die einfachste der ungefährlichen Arten, ein Eis zuzubereiten, ist die »Granita«. Dabei wird Wasser mit Zucker, manchmal mit Alkohol gemischt und eingefroren, anschließend mit einem Löffel in Flocken geschabt.

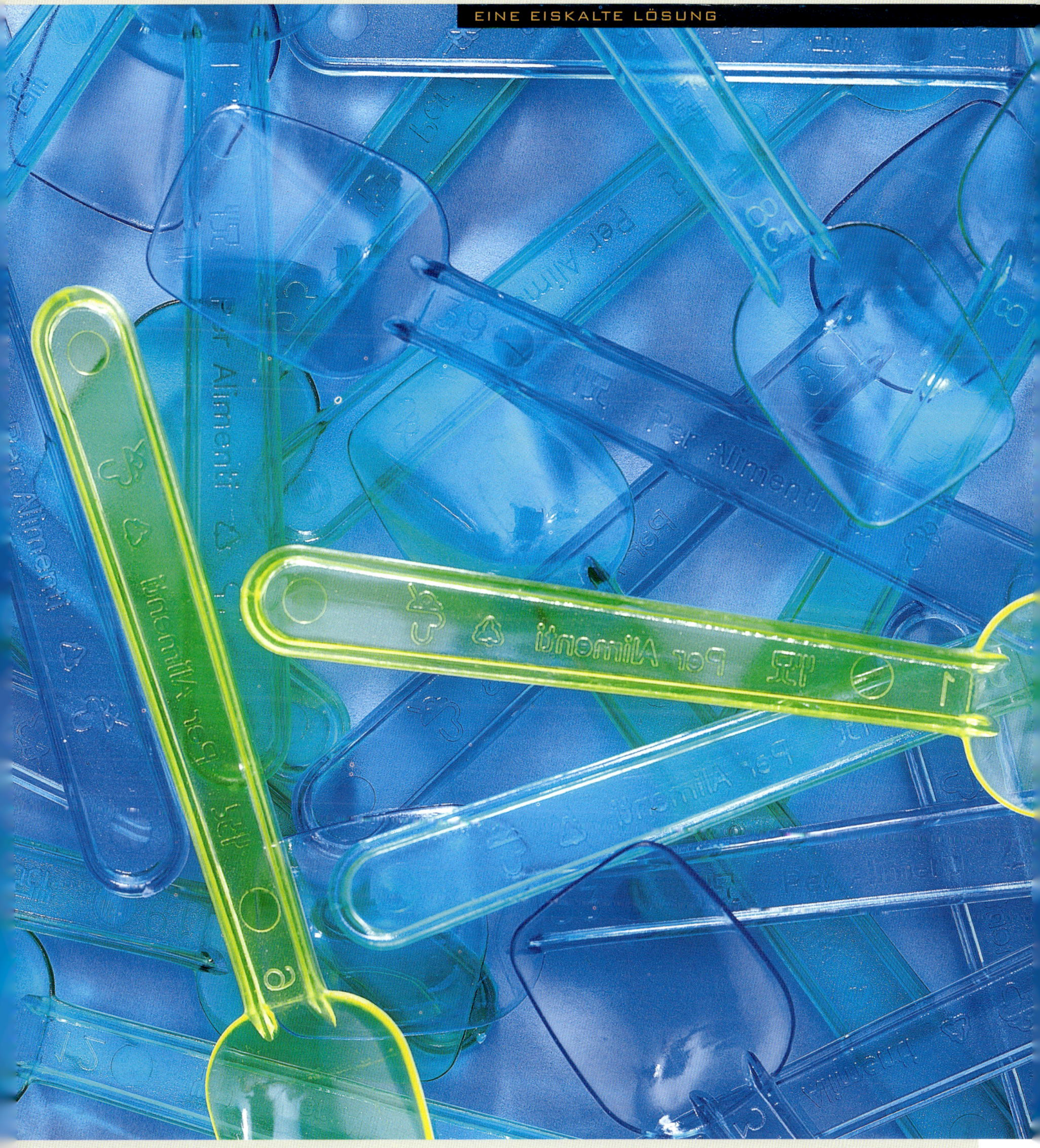
Per Alimenti

Basilikum-Granita (ohne Foto)

Entscheidend ist das Verhältnis zwischen Zucker, Alkohol und Wasser – die Geschmackszutaten können Sie verändern. Ersetzen Sie zum Beispiel einmal Basilikum durch Lavendel und verzieren die Granita im Glas mit Lavendelblüten.

100 g Zucker,1 Bio-Zitrone, 2 Basilikumzweige, 500 ml Weißwein

Den Zucker mit 100 ml Wasser aufkochen und wieder abkühlen. Die Schale der Bio-Zitrone abreiben, den Saft auspressen. Basilikumblätter abzupfen, mit den anderen Zutaten im Mixer pürieren. Weißwein unterrühren, im Kühlschrank gut durchkühlen, noch einmal umrühren und in einem flachen Gefäß einfrieren. Zum Servieren schneeartige Eisflocken mit einem Esslöffel aus der Schale schaben und in kleine Gläser füllen.

»Granita al limone«

Unsere Gefrierfächer sind sehr kalt, deshalb müssen wir viel Alkohol oder Zucker ins Eis geben, damit es im Gefrierfach nicht zu hart wird. Eis ohne Alkohol wird darum meist zu süß – dieses Problem hat auch die Industrie, Eisdielen weniger, weil dort die Kühltruhen wärmer sind. In die Zitronen-Granita muss aber glücklicherweise sowieso viel Zucker hinein, damit sie gut schmeckt.

1 kg Zitronen, 300 g Zucker

Die Zitronen auspressen, 300 ml Saft abmessen. 300 g Zucker mit 300 ml Wasser aufkochen, abkühlen, mit dem Zitronensaft mischen und einfrieren. Zum Servieren schneeartige Eisflocken mit einem Esslöffel aus der Schale schaben und in kleine Gläser füllen.

Espresso-Granita

In Sizilien serviert man die Granita mit geschlagener Sahne und einem Brioche (Rezept S. 136) als Frühstück. Espresso-Granita ist dafür besonders geeignet.

300 ml heißer Espresso, 125 g brauner Zucker, 3 EL Grappa (oder ein milder Obstbrand)

Den Zucker im heißen Espresso auflösen, den Grappa unterrühren und in einem flachen Gefäß einfrieren. Zum Servieren schneeartige Eisflocken mit einem Esslöffel aus der Schale schaben und in sehr kleine Gläser oder Tassen füllen.

»GRANITA AL LIMONE«

ESPRESSO-GRANITA

APRIKOSEN-PARFAIT

Aprikosen-Parfait

Im feinen Eis-Parfait (zu Deutsch: Halbgefrorenes) verhindern wir die Bildung großer Eiskristalle durch Alkohol, Eier und Zucker oder – die Variante ohne Alkohol – Eier und viel Zucker.

Für 8 Portionen: 100 g getrocknete Aprikosen, 2 Knollen kandierter Ingwer in Zuckersirup, 2 Eigelb, 1 Ei, 100 g Aprikosenkonfitüre, 4 cl (jamaikanischer) Rum, 500 g Sahne

Aprikosen und Ingwer sehr fein hacken. Eigelbe, Ei und Konfitüre in einer Metallschüssel auf einem Topf mit kochendem Wasser dickschaumig schlagen, dann in einem kalten Wasserbad kalt rühren. Eiermasse mit den Trockenfrüchten und dem Rum verrühren. Die Sahne steif schlagen und unterziehen. Die Aprikosen-Eismasse in 8 Förmchen (je ca. 125 ml Inhalt, z. B. Kaffeetassen, Kinder-Gugelhupfformen o. Ä.) verteilen, einfrieren.

Zum Servieren der Parfaits jeweils etwas lauwarmes Wasser über die Form laufen lassen. Mit einem Messer am Rand der Form einmal um das Törtchen herum fahren, um das Parfait zu lösen. Die Form leicht auf ein Holzbrett klopfen, damit das Parfait herausgleitet.

Besonders gut schmeckt dazu eine Limetten-Karamell-Sauce: Die Schale von 1 unbehandelten Limette abreiben, den Saft auspressen. Eine zweite Limette mit einem scharfen Messer schälen, sodass dabei auch die weiße Haut entfernt wird, dann die einzelnen Limettenfilets mit je 2 Schnitten herauslösen.

100 g Zucker mit einem Schuss Wasser in einem kleinen Topf karamellisieren. 100 g grob gehackte Nüsse dazugeben, kurz rösten, dann mit 100 ml Apfel- und dem Limettensaft löschen. Kochen, bis sich der Zucker aufgelöst hat und die Sauce gerade beginnt, sirupartig zu werden. Limettenfilets und Schale zugeben, kurz kochen und abkühlen lassen. Wenn die Sauce beim Abkühlen zu dick wird, mit etwas Apfelsaft verdünnen.

Fasten

Suppe für die Seele

Als kleines Kind sah ich eine Karikatur: Ein dicker Mönch, einen Krug Bier in der Hand, spricht zu einem dünnen Mönch: »Bruder, du siehst schlecht aus, du musst mehr fasten!« Damals hat mich der Gedanke an ständig betrunkene Mönche verwirrt. Hohe Zeit, den Wahrheiten des traditionellen und des modernen Fastens auf den Grund zu gehen.

In allen Weltreligionen spielen Fastenzeiten eine wichtige Rolle, in unserem christlich geprägten Kulturraum liegt die wichtigste Fastenperiode in den 40 Tagen vor Ostern. Die Verbindung von Fasten, Gebet und Zuwendung zu den anderen bricht alltägliche Gewohnheiten auf, legt neue Energien frei und macht die Seele leicht. Fasten bereitet eine Art Neugeburt des Fastenden vor und gipfelt bei den Christen im Fest zur Auferstehung Jesu.

SUPPE FÜR DIE SEELE

Mönche und Nonnen sind Profis im Abwerfen von Ballast. Dr. Johannes Eckert, Abt von St. Bonifaz in München und von Kloster Andechs am Ammersee, erläutert: Die katholische Kirche schreibt heute nur noch zwei Voll-Fastentage vor, Aschermittwoch und Karfreitag, an denen es lediglich eine – fleischlose – Mahlzeit gibt. Für die restliche Fastenzeit trifft jeder Mönch eine Art Zielvereinbarung, Schedula, mit dem Abt. Schließlich sollen die Mönche keinen Fastenwettbewerb untereinander ausfechten, sondern sich ein individuelles Ziel setzen.

Weniger Essen bedeutet für den Körper weniger Verdauungsarbeit, also mehr Energie für andere wichtige Aufgaben, wie den Abtransport von zwischengelagerten Giftstoffen. Wenn Sie der Planung und Zubereitung von Essen weniger Aufmerksamkeit schenken, haben Sie mehr Zeit. Nutzen Sie jeden Tag einige Minuten für geistige Konzentration: Denken Sie an nichts oder lauschen Sie Ihren Gefühlen.

Fastenspeisen: Viele traditionelle Fastenspeisen eignen sich heute nicht mehr für die Askese. Austern und Forellen waren früher als wenig nahrhaftes Armeleuteessen verachtet – heute ist Fisch Symbol für die Ernährung der Feinschmecker. Traditionelles Fastenbier enthielt mehr unvergorene Stärke als Alkohol – heutiger Doppelbock ist eine echte Droge.

Fasten Sie mit uns: Ersetzen Sie jeden Tag eine Mahlzeit durch unsere Suppe und halten Sie Maß, nicht den Krug. Vermeiden Sie großen Hunger, sonst halten Sie nicht durch. Wenn Sie möchten, können Sie eine Voll-Fastenwoche einlegen, besonders gut tut so eine Woche im Kloster. Adressen und Anregungen finden Sie in dem Buch »Das Fasten der Mönche« von Bernhard Müller.

SZ-Magazin-Fastensuppe
(Foto S. 147)

Damit Sie während einer Fastenzeit der Essenszubereitung wenig Zeit und Aufmerksamkeit widmen müssen, können Sie die Basis für unsere Suppe vorbereiten und problemlos 1 Woche im Kühlschrank aufbewahren. Geben Sie dann bei jeder Mahlzeit frische Kräuter und Gemüse dazu – dann schmeckt es garantiert!

Für 12 – 15 Portionen Suppenbasis:
250 g Linsen (Alternativen: Kichererbsen oder Bohnen), 250 g Dinkelkörner, 3,5 l Wasser (oder Gemüsebrühe), 2 Zwiebeln, 2 Knoblauchzehen

Hülsenfrüchte mit den Dinkelkörnern einige Stunden in Wasser einweichen. Das Einweichwasser abgießen, die Hülsenfrüchte und Körner mit 3,5 l Wasser (oder Gemüsebrühe) zum Kochen bringen. Zwiebeln und Knoblauchzehen schälen, in den Topf geben und alles 1 – 2 Stunden weich kochen. Die Suppe im Mixer oder mit einem Pürierstab fein pürieren, abkühlen lassen.

Bei Bedarf jeweils eine Portion der Suppe mit frisch geschnittenem Gemüse 10 Minuten kochen, mit Salz und Pfeffer leicht würzen. Nach Wunsch mit Olivenöl beträufeln oder mit frisch gehackten Kräutern bestreuen.

Panicuttu – sizilianische Brotsuppe

Die Anregung für diese Suppe habe ich in meinem sizilianischen Lieblingskochbuch gefunden, das lange vergriffen war und vor kurzem neu aufgelegt wurde: »Profumi di Sicilia« von Giuseppe Coria.

400 ml Tomatensauce (siehe S. 59) oder aus dem Glas), Salz, 150 g trockenes Weißbrot, 100 g Mozzarella, 4 EL Olivenöl, Pfeffer

Die Tomatensauce mit derselben Menge Wasser verdünnen, aufkochen und mit Salz abschmecken. Weißbrot in 3 – 4 cm große Stücke schneiden, im Ofen unter dem Grill oder bei höchster Temperatur hellbraun rösten. Den Mozzarella in dicke Scheiben schneiden.

Das Weißbrot in die Suppe geben, einmal umrühren, im Geiste ein Ave Maria beten – wenn Sie geübt sind wie eine sizilianische Hausfrau, dann ist das genau die richtige Zeitspanne – und dann die Suppe sofort in Teller verteilen. Mit Olivenöl beträufeln, reichlich frischen Pfeffer darüber mahlen und mit je 1 – 2 Mozzarellascheiben belegen. Sofort servieren.

Asiatische Fischsuppe

50 g Glasnudeln, 200 g Fischfilet (z. B. Viktoriabarsch oder Forelle), 2 EL Fischsauce (Asienladen), 2 EL Limettensaft, 100 g Schalotten (z. B. Thai-Schalotten aus dem Asienladen), 2 Knoblauchzehen, 100 g Zuckerschoten, 1 Kohlrabi, 1 EL Öl, 1 l Geflügelbrühe, Salz, Pfeffer, ½ Bund Koriander

Glasnudeln 30 Minuten in lauwarmem Wasser einweichen. In der Zwischenzeit das Fischfilet in 2 cm große Stücke schneiden, mit Fischsauce und Limettensaft in einer Schüssel mischen, 10 Minuten marinieren. Schalotten und Knoblauch schälen und klein würfeln. Die Zuckerschoten schräg in Streifen schneiden, Kohlrabi schälen und in kleine Würfel schneiden.

Die Nudeln nach Packungsanweisung 1 – 5 Minuten kochen, abgießen, mit kaltem Wasser abschrecken und gut abtropfen lassen. Dann die Nudeln mit einer Schere in große Stücke schneiden. Öl in einem mittelgroßen Topf erhitzen, Schalotten und Knoblauch kurz anbraten, mit Brühe aufgießen und zum Kochen bringen. Das Gemüse zugeben und bei milder Hitze 5 Minuten kochen. Fischstücke und Glasnudeln zugeben, aufkochen und zugedeckt 2 Minuten ziehen lassen.

Die Suppe mit Fischsauce, Salz und Pfeffer abschmecken und in Schälchen verteilen. Korianderblättchen zupfen und grob hacken, über die Suppe streuen und mit Suppenlöffel und Stäbchen für die Nudeln servieren.

Falls Sie wegen der violetten Thai-Schalotten und der Fischsauce sowieso im Asienladen einkaufen, ersetzen Sie den Koriander ruhig einmal durch eines der anderen Kräuter, die Sie dort finden: Das rote Perillakraut, der langblättrige Koriander mit den gezackten Blättern, asiatische Basilikumsorten – jedes Kraut gibt Ihrer Suppe einen etwas anderen Charakter, aber fast alle schmecken gut. Schnuppern Sie am Kraut und denken Sie dabei an den Fisch. Passt? Genau. Und wenn Sie keine Lust haben, extra in einen Asienladen zu gehen, nehmen Sie normale Schalotten, Sojasauce und Koriander …

»Diese Suppe eignet sich nicht nur für das große Fasten vor Ostern, sondern auch für das kleine Fasten am katholischen Freitag – oder sogar als Zwischengang bei einem festlichen Menü.«

Kampf dem Diätterror

KAMPF DEM DIÄTTERROR

Der Erwerb von Diät-Ratgebern ist eine Art moderner Ablasshandel mit einem entscheidenden Unterschied zum christlichen Vorbild: Gott, also der Ratgeber-Autor, behält nicht die ihm übertragene Verantwortung für unsere Sünden – er gibt uns unsere Verantwortung wieder zurück, indem er eine Diät vorschreibt, die so kompliziert ist, dass wir sie auf die Dauer nicht befolgen können. Die Folgen sehen wir nicht erst im transzendentalen Raum des Jüngsten Gerichts, sondern auf unseren Hüften. Darum verschwenden Sie Ihre Zeit nicht mit Lesen, sondern gehen Sie lieber mal wieder Laufen.

Auch die Schauspielerin Christine Neubauer hat eine Diät erfunden, die »Vollweib-Diät«. Sie stellt in ihrem Buch weise Regeln auf: 1. Mit Lust essen. 2. Wenig Fett. 3. Kaum Zucker. 4. Selten weißes Mehl. 5. Regelmäßige Bewegung. Hängen Sie sich diese Regeln an den Kühlschrank. Wenn Sie sie befolgen, werden Sie nie wieder Figurprobleme haben – alles was darüber hinausgeht, ist Feintuning.

Damit Sie mir nicht blind auf dem Weg ins Ernährungsnirwana folgen müssen, hier grob skizziert der Zusammenhang zwischen Regel Nummer 2, 3 und 4: Zucker, Weißmehl oder Stärke werden ganz leicht vom Körper zu Einfachzucker verdaut und gelangen so schnell ins Blut. Dadurch wird blitzartig eine große Menge Insulin aus der Bauchspeicheldrüse ausgeschüttet. Dieses Insulin macht Zellmembranen für Zucker durchlässig. In den Zellen wird der Zucker verbrannt. Das geht alles sehr schnell, danach sinken Blutzucker- und Insulinspiegel rapide ab – die Folge ist Hunger, trotz großer Energieaufnahme. Auf die Dauer kann die Bauchspeicheldrüse durch ständige Überforderung Schaden nehmen – ernährungsbedingter Diabetes ist die Folge.

Langsam verdaute Kohlenhydrate, zum Beispiel aus Vollkornprodukten, bedeuten langsame Schwankungen und damit weniger Hunger. Zusätzlich gilt es, den Zucker-Insulin-Kreislauf manchmal zu durchbrechen, denn solange die Zellen nur mit Zucker beheizt werden, kann der Körper kein Fett verbrennen – weder Öl aus der Salatsauce noch Körperfett. Der Hunger kommt schneller, als die Fettverbrennung beginnt, darum nicht immer sofort essen, wenn der »kleine Hunger« kommt.

750 ml + 4 Blatt Gel.

Panna cotta (Foto S. 153)

Panna cotta enthält moderate Mengen Fett und Zucker; wenn Sie die zarte Creme mit Früchten servieren, kann die Portion klein sein. Hier die perfekte Variante meiner guten Freundin Sandra Limoncini.

Für 8 Portiönchen: 1 Vanilleschote, 2 Blatt Gelatine, 500 g Sahne, 3 EL Zucker, 500 g reife Erdbeeren, Mangos oder Kiwis, 1 TL Orangenlikör, 8 kleine Förmchen, z. B. Espressotassen

Vanilleschote der Länge nach halbieren, das Mark mit dem Messerrücken herauskratzen. Gelatineblätter in kaltes Wasser legen. Vanillemark und -schote mit Sahne und Zucker aufkochen, die eingeweichte Gelatine in der Flüssigkeit auflösen. Abkühlen lassen und ab und zu umrühren. Warten, bis die Sahne zu gelieren beginnt, erst dann in kleine Formen füllen und kalt stellen – so kann sich die Vanille nicht unten absetzen. Wenn Sie die Creme stürzen wollen, nehmen Sie lieber 3 Blatt Gelatine.

Erdbeeren, Mangos oder Kiwis klein würfeln. Ein Drittel der Früchte pürieren, mit ein paar Tropfen Orangenlikör abschmecken, über die restlichen Früchte geben, mit Panna cotta servieren.

Apple-Crumble

Was ist das Beste am Apfelkuchen? Richtig, die Streusel. Darum lassen viele Angelsachsen den Teig unter ihrem Obstkuchen einfach weg und konzentrieren sich auf die Streusel. Zufällig wird der Kuchen dadurch auch viel gesünder. Die Früchte können Sie fast beliebig variieren, ideal sind auch Birnen oder Pfirsiche – ich habe aber auch schon sehr feuchte Früchte wie beispielsweise Stachelbeeren verwendet. In diesem Fall statt der gehackten Nüsse gemahlene Nüsse nehmen, die saugen das überschüssige Wasser auf.

Für 6 – 8 Personen: 1 Bio-Zitrone, 3 EL Honig, 1 Pck. Vanillezucker, 100 g Nüsse, 1,5 kg aromatische Äpfel (z. B. Berlepsch oder Boskop), 125 g Weizenvollkornmehl, 100 g brauner Zucker, 80 g kalte Butter

Den Backofen auf 175 Grad vorheizen. Zitrone waschen, die Schale abreiben und den Saft auspressen, mit Honig und Vanillezucker verrühren und in eine große, flache Auflaufform geben. Die Nüsse grob hacken, ebenfalls in die Form geben. Äpfel schälen, vierteln und entkernen. Die Apfelstücke in 5 mm dicke Scheiben schneiden, in der Form mit den anderen Zutaten mischen.

In einer Schüssel Mehl, braunen Zucker und kalte Butter mit den Fingerspitzen verkrümeln, bis schöne Streusel entstehen. Streusel über die Äpfel streuen, in den Ofen schieben und auf der mittleren Schiene im Ofen ca. 45 Minuten goldbraun backen. Streusel-Äpfel aus dem Ofen nehmen, 10 Minuten ruhen lassen und servieren.

Blaubeer-Buttermilch-Pfannkuchen

Viel Buttermilch und wenig Butter. Sie können die kleinen Pfannkuchen zusammenfalten und in die Hand nehmen oder, wie in einer italienischen Bar, einzeln in kleine Papierservietten einschlagen und auf einem Tablett anrichten. Füllen sollten Sie die Pfannkuchen erst kurz bevor sie serviert werden.

250 g Weizenvollkornmehl, 1 EL Zucker, 1 TL Backpulver, 3 Eier, ½ l Buttermilch, 75 g Butter, 125 g Blaubeeren, 250 g Vanillequark (Bio-Kühlregal), Zucker und Zimt zum Bestreuen

Mehl, Zucker und Backpulver mischen. Die Eier trennen, Eigelb und Buttermilch mit dem Mehl verrühren. 3 EL Butter schmelzen, ebenfalls unterrühren. Eiweiß steif schlagen und unter den Teig ziehen. Blaubeeren waschen, gut abtropfen lassen, auf Küchenpapier trocknen und unter den Teig mischen.

In einer beschichteten Pfanne etwas Butter aufschäumen. Mit einem Esslöffel kleine Teigportionen hineinsetzen. Bei milder Hitze 3 Minuten backen, wenden und noch einmal 2 Minuten fertig backen. Mit Vanillequark anrichten, mit Zucker und Zimt bestreuen und servieren.

Gute Kohlenhydrate, böse Kohlenhydrate

Bis vor zwei Jahren hieß das Gesetz gesunder Ernährung »Low Fat«, danach galten kohlenhydratarme »Low-Carb-Diäten« als letzter Schrei der Schlankheitsindustrie. Jüngste Studien aus Amerika bezweifeln das schon wieder. Vielleicht kommt ja »Low Protein«? Zukunftsmusik. Im Moment sollten Sie nur wissen, warum manche Kohlenhydrate gesünder als andere sind. Der Unterschied zwischen gut und böse liegt in dem Fünftel des Getreidekorns, das sich aus Fruchtschale, Samenschale und Keimling zusammensetzt. Diese Randschichten bestehen aus Ballaststoffen, Mineralstoffen, Vitaminen – und gehen bei der Herstellung von Weißmehl verloren.

Westliche Wohlstandsbäuche werden aber nicht durch Vitaminmangel verursacht, sondern eher durch ein Zuviel an den restlichen vier Fünfteln des Weizenkorns, die sowohl in Vollkornmehl als auch in Weißmehl enthalten sind. Der Mehlkörper besteht überwiegend aus Stärke und die ist, wie Sie wissen: böse, böse, böse!

GUTE KOHLENHYDRATE ...

Warum also trotzdem der große Unterschied in der Bewertung von Vollkorn- und Weißmehl? Christof Pfundstein ist Gastroenterologe, ein Facharzt, der den Stoffwechsel kennt, aber keine Diät verkaufen muss. Seine Erklärung: 1. Ein Fünftel ist ein Fünftel – auch 20 Prozent weniger an schnell verdaulichen Kohlenhydraten machen einen Unterschied. 2. Ballaststoffe aus dem vollen Korn belegen einen Teil der Darminnenfläche, die dadurch nicht mehr für die Aufnahme von gespaltener Stärke zur Verfügung steht. 3. Vollkornprodukte sind oft gröber gemahlen als Weißmehl, die größeren Stückchen sind stabiler, unser Körper braucht länger, um sie zu verarbeiten.

Im Alltag heißt das: Bevorzugen Sie Brot aus Vollkornschrot und kochen Sie Ihre Nudeln al dente – auch bissfeste Nudeln sind stabiler als weich gekochte.

In jedem Fall sollten Sie ein Rezept wählen, bei dem die Zubereitung – also der Weg – die Hauptrolle spielt, nicht die Art der Kohlenhydrate oder die Menge des Essens, die dabei entsteht. Wenn Sie Liebe, Aufmerksamkeit und Geduld in die Zubereitung Ihrer Nudeln legen, dann reicht eine kleine Portion.

Mamma Marias meditative Maccheroni aus Milazzo

(Foto S. 157)

Mamma Maria gibt es wirklich. Wenn sie gerade keine legendären Nudelgerichte zaubert, dann liest sie die Zukunft aus Spielkarten, heilt Warzen mit dem Wasser, das aus gesalzenen Auberginen austritt, und ist auch sonst sehr fürsorglich. Leider gibt es das Restaurant nicht mehr, in dem ich sie kennen gelernt habe. Es gab Probleme mit zu vielen Gästen, die nicht bezahlen wollten …

125 g italienisches Nudelmehl (siehe unten), 125 g Weizenmehl Type 405, 125 ml Wasser, 1 Schaschlikspieß

Nudelmehl, Weizenmehl und Wasser zu einem elastischen Teig verkneten, in Folie wickeln und 30 Minuten ruhen lassen. Ein haselnussgroßes Stück Teig 4 cm lang rollen. Einen Schaschlikspieß sanft in die Teigrolle drücken und zwischen den Handflächen Teig und Spieß rollen. Wie durch ein Wunder legt sich der Teig um den Holzspieß und wird zur fingerlangen Hohlnudel – ein sizilianischer Maccherone. Wenn der Druck Ihrer Hand nicht zu sanft, aber auch nicht zu fest war, dann ist die Röhre in der Nudel größer als der Schaschlikspieß, die Nudel gleitet leicht herunter. Wiederholen Sie den Vorgang, bis kein Teig mehr da ist. Kochen Sie die Maccheroni 3 – 4 Minuten und servieren Sie sie mit Salbeibutter und geriebenem Ricotta oder Parmesan.

Italienisches Nudelmehl: Die korrekte Bezeichnung wäre »Dunst aus Hartweizen«, wobei »Dunst« sich auf die Korngröße bezieht, die kleiner ist als bei Grieß, aber größer als bei Mehl. Im italienischen Feinkostladen versteht das aber sicher niemand, man sagt eher Nudelmehl oder Nudelgrieß. Ich würde Nudelmehl sagen, weil es zwar Hartweizengrieß im Supermarkt gibt, der aber völlig ungeeignet ist.

Sauerteig-Roggenbrot

Brot ist mehr als nur ein Lebensmittel. Der ganze Vorgang von der Aussaat des Getreides bis hin zum fertigen Brot ist ein Symbol für unsere Zivilisation. Bis vor 150 Jahren gab es keine Zuchthefen, jedes gelockerte Brot war ein Sauerteigbrot, und die rituelle Bedeutung von Brot ist oft an Sauerteig geknüpft. Seine Herstellung ist einfach, aber Sie brauchen etwas Geduld und es gibt keine Garantie, denn Sauerteig lebt. (Wir reden hier nicht von vorgefertigten Fermenten aus dem Reformhaus – da geht es ums Ergebnis und nicht um das Ritual der Herstellung.)

Für den Starter: 250 g frisch gemahlenes Roggenvollkornmehl, 10 ungewaschene Bio-Weintrauben (Alternativen: Pflaumen, Heidelbeeren – der kalkige Belag auf der Oberfläche dieser Früchte besteht aus wilden Hefen)

250 g Roggenmehl mit 500 ml lauwarmem Wasser in einem großen Einmachglas gründlich verrühren. Die Früchte in die flüssige Mischung werfen, mit einem grobmaschigen Tuch zudecken und an einen warmen, luftigen Platz stellen. Mindestens einmal am Tag kräftig durchrühren, bis sich nach einigen Tagen, es kann auch eine Woche sein, von selber Blasen im Teig bilden.

Die Früchte herausfischen. Ab jetzt müssen Sie den Teig füttern und tränken: Geben Sie ihm 3 – 4 Tage lang täglich einen Löffel Mehl und, falls er zu dick wird, ein wenig Wasser. Sobald der Teig kräftig gärt, ist er fertig – jetzt können Sie ihn verarbeiten, weiterfüttern, im Kühlschrank nur noch einmal pro Woche füttern oder notfalls sogar einfrieren. Bevor Sie mit dem Brotteig beginnen, wärmen Sie den Starter einfach wieder auf, bis er sichtbar gut arbeitet. Wenn Sie den Teig regelmäßig pflegen, können Sie ihn irgendwann an ihre Enkel weitergeben.

Für 2 Brotlaibe: 50 g Speck, 2 Zwiebeln, 2 EL Öl, 1 EL Koriander, 500 g Starter, 1 kg Roggenvollkornmehl, 30 g Salz, 2 kleinere Kastenformen (ca. 24 cm lang)

Für den Vorteig zuerst den Speck würfeln, die Zwiebeln schälen und in Streifen schneiden. Speck und Zwiebeln mit 1 EL Öl goldbraun braten, Koriander zugeben, abkühlen lassen. 500 g Starter mit 750 ml lauwarmem Wasser, der Speck-Zwiebel-Mischung und 500 g Mehl in einer Teigschüssel gut verrühren, mit einem Tuch zudecken und an einen warmen Platz stellen, bis der Teig durch und durch blasig ist. Das kann 6 – 24 Stunden dauern.

Restliches Mehl mit dem Salz mischen und nach und nach unter den Vorteig rühren. Der Teig soll so fest sein, dass Sie mit einem Kochlöffel nicht mehr gut darin rühren können – die genaue Mehlmenge hängt sehr von der spezifischen Mehlqualität ab, die Sie verwenden. Roggenmehl bildet kein Klebergerüst aus, so wie das Weizenmehlteige tun, während Sie sie kneten (siehe S. 132). Deshalb müssen Sie den Brotteig nur gründlich mischen, das reicht. Den Teig mit einem feuchten Tuch zudecken und noch einmal 6 – 12 Stunden gehen lassen, bis er deutlich größer geworden ist.

Den Ofen auf 220 Grad vorheizen (keine Umluft), die Kastenformen fetten und mit Mehl einstäuben. Den Teig teilen und mit nassen Händen zu Laiben formen, in die beiden Formen geben, zudecken und ein letztes Mal gehen lassen, bis die Laibe sichtbar aufgegangen sind.

Auf der zweiten Schiene von unten 30 Minuten backen, die Temperatur auf 180 Grad reduzieren und noch einmal 1 Stunde backen. Ein Brot aus der Form gleiten lassen und auf die Unterseite klopfen – klingt es hohl, dann sind die Brote fertig, wenn nicht, schnell zurück in den Ofen und noch eine halbe Stunde weiter backen. Abkühlen lassen.

»Die Gewürze können Sie nach Lust und Laune variieren. Gut schmecken auch Mischungen aus fein gemahlenem und grob geschrotetem Mehl.«

Die Butterbrezen-Askese

DIE BUTTERBREZEN-ASKESE

Unser Essverhalten ist von Ritualen geprägt. Ich habe zum Beispiel jahrelang Brezen geliebt – zwei Stück, dick mit Butter bestrichen, täglich um 9 Uhr 30 nach dem Einkauf. Die ständige Wiederholung kleiner, angenehmer Ereignisse gibt unserem Leben Struktur und Sicherheit. So besteht das durchschnittliche Repertoire einer deutschen Familie, das an mindestens sechs von sieben Tagen gekocht wird, aus nur fünf Rezepten! Auf dem Weg zur Bikinifigur geht es also nicht darum, viele neue kreative Rezeptvorschläge zu finden. Wenn Sie ein einziges ungünstiges Ritual durch ein besseres ersetzen, ändert sich schon das ganze Leben. Allerdings sind unsere Essensrituale extrem hartnäckig. Um Ernährungsgewohnheiten zu ändern, sind folgende Überlegungen Erfolg versprechend:

Schritt 1: Erkennen Sie Ihre wichtigsten Ernährungsgewohnheiten – vergessen Sie dabei nicht die positiven Ansätze, die Sie vielleicht ausbauen können. Überlegen Sie, worin die Wurzeln Ihrer Eigenheiten liegen und ob diese Gewohnheiten heute wirklich noch notwendig sind, um die Realität zu bewältigen. Ich würde es durchaus verstehen, wenn Sie die Entführung Ihrer Großmutter nur durch unmäßigen Verzehr von Bratwürsten mit Sauerkraut verarbeiten konnten, aber – die Großmutter sitzt schon seit Jahren wieder auf ihrem Sofa, Räuber Hotzenplotz sitzt auch, und Sie können sich jetzt mal eine Gemüsepfanne machen.

Schritt 2: Versuchen Sie, positive neue Ernährungsrituale zu erfinden. Auch ungewöhnliche Ideen können helfen: »Ich schenke die Schokolade meiner besten Freundin und falte aus dem Einwickelpapier einen Origami-Elefanten.« Bastelanleitung unter: www.origami.com.

Schritt 3: Setzen Sie Ihre beste Idee in die Tat um. Überfordern Sie sich nicht – »Ich esse nur noch rohes Gemüse statt Weißmehl, Zucker und Nudeln« wird nicht funktionieren. Üben Sie eine Weile möglichst streng, bevor Sie sporadische »Butterbrezen« wieder zulassen.

Das asiatische Nudelsuppen-Frühstück

(Foto S. 161)

Meine Methode, die Butterbrezen-Fixierung zu durchbrechen, war das Nudelsuppen-Frühstück. Sehr lecker – auf die Dauer aber zu aufwändig. Die paar Wochen, die ich es durchgehalten habe, waren jedoch genug, um die alte Gewohnheit aufzugeben. Heute esse ich zum Frühstück dies und das und achte meistens darauf, dass es gesund ist.

Für 1 Schüssel Suppe: 50 g TK-Blattspinat, 300 ml Brühe, ca. 60 g asiatische Instantnudeln (oder andere Nudeln), 2 cm Ingwer, ½ getrocknete Chilischote, ½ Limette, 1 Tomate, Fisch- oder Sojasauce zum Abschmecken, Koriandergrün nach Belieben

Spinat auftauen, ausdrücken, grob schneiden – wenn es eilig ist, einfach gefroren in die Brühe geben. Die Brühe zum Kochen bringen, die Nudeln in der Brühe kochen. Während die Nudeln kochen, möglichst schnell den Ingwer schälen, reiben oder fein hacken, die Chilischote zerbröseln, die Limette auspressen, die Tomate würfeln.

Alles zusammen mit dem Spinat in die Suppe geben. Mit Fisch- oder Sojasauce abschmecken und in einer Müslischale mit Löffel und Stäbchen servieren – obendrauf etwas frischer Koriander wäre toll. Die Suppe soll scharf-sauer-würzig sein, dann wirkt sie anregend wie ein Bad im Gebirgsbach.

Das Henkelmann-Picknick

Ob Mittagspause in der Kantine, beim Italiener oder in der Garküche einer Metzgerei – wenn wir berufstätig sind, ist das Essen fast immer zu fett und zu fleischlastig. Einzige Lösung: Betrachten Sie das Mittagessen als Picknick. Die Zeit, Ihr Picknick vorzubereiten, werden Sie nicht immer haben, doch während der Arbeitszeit wenigstens ab und zu gesund zu essen ist schon mal ein guter Anfang.

Die Anschaffung eines »Henkelmanns« könnte ein Teil des Rituals sein. Werden Sie zwischendurch zum Kantinen-Anarchisten, indem Sie kleine Teile des Angebots optimieren: Eine eigene Salatsauce aus Joghurt, ein paar Löffelchen Milch, frischen Kräutern und wenig Kürbiskern- oder Olivenöl können Sie gut mitnehmen. Das Erlebnis an der Salatbar wird dadurch wesentlich befriedigender.

Für 1 Person: 100 g Nudeln (z. B. Reisbandnudeln oder Penne), ½ Bund Thai-Basilikum (Asienladen; Alternativen: Petersilie, Koriander, Dill), 1 Zucchino (Alternativen: alle härteren Gemüsesorten, ob Möhre, Bleichsellerie oder Rote Bete), Salz, 1 EL geröstete Knabber-Erdnüsse, 4 cm Ingwerwurzel, ½ – 1 Chilischote, 6 EL Fisch- oder Sojasauce (Asienladen), 1 EL brauner Zucker, 2 EL Limettensaft, 1 EL Nussöl

Die Nudeln bissfest kochen, abgießen, kalt abschrecken, abtropfen lassen. Thai-Basilikum zupfen, größere Blättchen zerreißen. Nudeln und Kräuter in eine Etage des Henkelmanns füllen.

Zucchino der Länge nach vierteln und in sehr dünne Scheiben schneiden oder auf einer groben Reibe raspeln. In die zweite Etage geben, leicht salzen. Erdnüsse grob hacken. Ingwer schälen, mit der Chilischote fein hacken. Die vorbereiteten Zutaten mit Fischsauce, braunem Zucker, Limettensaft und Nussöl verrühren, über die Zucchini gießen und einmal umrühren.

Mittags mischen Sie Etage 1 und Etage 2 – fertig. Wenn Sie die Nudeln vorher irgendwo aufwärmen können – umso besser, es muss aber nicht sein. Das Schöne an diesem Salat: Sie können ihn abends vorbereiten, morgens mischen, mittags essen, dann ist er optimal durchgezogen. Wenn Sie den Salat nicht während der Arbeit essen: Fein geschnittene Thai-Schalotten passen gut in die Sauce.

Und die dritte Etage? Die ist für den Nachtisch: eine gewürfelte Papaya, eine Hand voll Kirschen oder ein Joghurt mit klein geschnittenen Früchten. Sie sollten sich ein bisschen verwöhnt fühlen – ein Apfel wäre zu alltäglich.

Das Werbepausen-Menü

Das Abendessen ist heute in vielen Haushalten die Mahlzeit, die am häufigsten bewusst gestaltet wird. Wenn Sie versuchen, sich ausgewogen zu ernähren, dann ist es abends am leichtesten. Viel gefährlicher sind die Rituale auf dem Fernseh-Sofa. Hier ein paar einfache Vorschläge für Mini-Gerichte, mit denen Sie Bier, Wurstbrote und Chips ersetzen können.

Für 2 Fruchtsaft-Cocktails: 200 ml Orangensaft, 2 EL Honig (Alternative: Sirup, siehe S. 178), 4 EL TK-Himbeeren, 200 ml Mineralwasser, 4 Eiswürfel, 4 Minzeblätter

Fernsehteller für zwei: 8 Gurkenscheiben, 1 geräuchertes Forellenfilet, Pfeffer, 8 Blättchen Zitronenmelisse, 8 Blätter von einem Salatherz, 8 TL griechischer Joghurt, 1 Tomate, 1 EL Olivenpüree (frz. Tapenade: kaufen oder schwarze Oliven mit Sardellen, Kapern und Olivenöl pürieren), 8 Pumpernickeltaler, 2 EL Frischkäse, 1 Dattel, 1 Aprikose, 8 Rucolablätter, 1 Scheibe Schinken

In der ersten Werbepause alle Zutaten für den Cocktail, bis auf die Minze, in einen Mixer geben und pürieren. In zwei Longdrinkgläser füllen und mit Minze und Strohhalm servieren.

In der zweiten Pause die Gurkenscheiben mit Forellenfilet, Pfeffer und Melisse belegen. Die Salatblätter mit dem Joghurt garnieren, die Tomate würfeln, mit dem Olivenpüree mischen und auf den Joghurt geben.

Für die Pumpernickeltaler brauchen Sie eventuell noch eine dritte Pause: Die Taler mit Frischkäse bestreichen. Dattel, Aprikose und Rucola grob hacken, den Schinken würfeln. Alles mischen und auf die Taler verteilen.

»Und statt des Griffs in die
Chipstüte schälen Sie
eine Mango, Nektarine,
Pomelo oder Birne
und dippen die Stückchen
in Chilisalz – wie in Vietnam.

Dafür 2 EL Salz mit
1 EL getrockneten Chiliflocken
im Mörser zerstoßen.«

Trinken

Kaffee olé!

Die Ferien sind vorbei und wir freuen uns darauf, die Welt wieder neu zu entdecken und sie zu verändern. Unser Treibstoff in Werkstatt und Büro ist Kaffee, im günstigen Fall Espresso. Neben der anregenden Wirkung des Koffeins liegt das vor allem am Geruch.

Schon Babys können gute und schlechte Gerüche und Geschmäcke unterscheiden. Überlebenswichtige Vorlieben scheinen im Laufe der Evolution in unseren Genen gespeichert worden zu sein: Der Duft von Blüten und Früchten verweist auf kräftigende Nahrungsmittel wie Muttermilch und Schokolade. Röstaromen bedeuten Würstchen, Wildschwein und Kuchen. Über tausend dieser Duftkomponenten sind Bestandteil des Kaffeearomas: Jasmin, Rose, Banane, Schokolade, Haselnuss, Vanille, Toastbrot, aber auch Gorgonzola, Erbse und Tomate – um nur die wichtigsten zu nennen.

Wie gelangen nun möglichst viele Düfte in den Kaffee? »90 Grad Wassertemperatur, 9 Bar Druck, 25 – 30 Sekunden Brühzeit, frisch fein gemahlener Kaffee (etwa 800 Mikron Korngröße, bei Regen etwas gröber, dafür nur 25 Sekunden) – ist doch ganz einfach!«, würde Andrea Illy sagen, der Chef der berühmten Kaffeerösterei aus Triest.

90 Grad: Kaffee bedeutet eine Lösung von Aroma in Wasser. Bei zu kaltem Wasser löst sich zu wenig, bei zu heißem lösen sich zu viele hölzerne, saure, verbrannt schmeckende Aromastoffe aus dem Kaffeepulver und die blumigen verflüchtigen sich.

9 Bar Druck: Bei Filterkaffee und Mokka spielt Druck keine Rolle. Mokka aus der klassischen kleinen Alukanne für die Herdplatte wird oft fälschlicherweise als Espresso bezeichnet. Espresso aus einer echten Espressomaschine hingegen ist nicht nur eine Aroma-Lösung, sondern zusätzlich auch eine Emulsion von ätherischen Ölen in Wasser. Ähnlich wie beim Autowaschen mit dem Dampfstrahler verbinden sich heißes Wasser und kleinste Fetttröpfchen vor allem durch die Gewalt des hohen Drucks. Diese Emulsion ist für die »Crema«, den feinen hellbraunen Schaum auf dem Espresso, zuständig. Die Crema wiederum legt sich über die ganze Zunge, hüllt sie sanft ein. So schmeckt die Zunge die bitteren und sauren Stoffe im Kaffee durch den Filter der Crema viel weniger, während der ganze Kaffeeduft in die Nase steigt. Nebenbei entsteht im Mund ein Gefühl von samtiger Fülle wie bei einer guten Brühe.

KAFFEE OLÉ!

Ca phe trung

Ein Rezept für einen winterlichen Kaffee, fast schon einen Nachtisch. Meine Frau und ich haben es bei den Recherchen für unser Buch »Vietnam – Küche und Kultur« in Hanoi gefunden.

Für 2 kleine Gläser: 2 Espressi, 2 Eigelb, 2 – 3 EL Zucker

Espressi kochen. Eigelb mit Zucker und 3 EL vom Kaffee in einer kleinen Metallschüssel über einem kleinen Topf mit kochendem Wasser dick und schaumig schlagen. Den restlichen Kaffee unter den Schaum rühren, in kleinen Gläsern servieren. Ein kleiner Schuss edler Cognac oder alter Rum schaden auch nicht, gehört aber nicht ins Originalrezept.

Thai-Eiskaffee

Ein heißer Sommertag im Schatten eines Baumes oder am Wasser, das leise Klimpern von Eiswürfeln in einem Glas – es gibt nichts Schöneres. Die asiatische Version des Eiskaffees finde ich viel angenehmer als die fette Variante mit Vanilleeis. Wenn Sie sich ganz wie in Asien fühlen wollen, verwenden Sie gezuckerte Kondensmilch für den Kaffee.

Für 1 Longdrink-Glas: 1 doppelter Espresso, 1 EL Zucker, Eiswürfel, 100 ml Milch

Den Kaffee ins Glas gießen, mit 1 EL Zucker verrühren, Eiswürfel dazugeben und mit der Milch auffüllen. Mit einem Cocktaillöffel verrühren und servieren. Sie können den Eiskaffee auch in einem starken Mixer fein pürieren, dann wird daraus ein »Smoothie«.

Kalter Kaffee aus Italien

(ohne Foto)

Die eleganteste Art, einen Espresso zu kühlen, kommt natürlich aus Italien.

Für 2 sehr kleine Gläser: 2 Espressi, Eiswürfel

Espresso (mit oder ohne Zucker) mit 5 – 6 Eiswürfeln in einen Cocktailshaker geben. Kurz, aber heftig shaken und dann in 2 Gläser abseihen. Wenn Sie schnell genug sind, dann hat der fertige Drink noch die »Crema« des heißen Kaffees.

THAI-EISKAFFEE

Pastesso

Cocktails zu entwickeln ist eine eigene Kunst. Helmut Adam ist ein echter Künstler auf diesem Gebiet, er schenkt uns und der Welt den Pastesso und einen Espresso Fruit Cup. Zusammen mit Partner Jens Hasenbein betreibt Adam die Bar »Salz« in Berlin und gibt die Zeitschrift »Mixology – Magazin für Barkultur« heraus. Auch das eine besondere Kunst, ohne die Hilfe durch das Vertriebsnetz eines großen Verlages.

Für 1 Longdrink-Glas: 1 Espresso lungo, 2 cl Pernod, 2 cl Zuckersirup, Eiswürfel, 2 – 3 cl Sahne, 1 Anisstern

Den Espresso und dieselbe Menge Wasser in einer Kaffeetasse mit Pernod und Zuckersirup mischen. Das Longdrink-Glas mit Eiswürfeln füllen, den Inhalt der Kaffeetasse hineingießen. Falls dadurch die Eiswürfel etwas zusammensacken, können Sie noch 1 oder 2 Würfel dazugeben.

Die Sahne über den obersten Eiswürfel vorsichtig auf die Oberfläche des Drinks fließen lassen, sodass sich oben eine weiße Schicht bildet. Mit dem Anisstern garnieren und mit Strohhalm servieren.

Espresso Fruit Cup

Für 1 große Cappuccino-Tasse: 1 Espresso, 5 Himbeeren, 3 Brombeeren, 3 cl Chambord Likör, 2 cl Zuckersirup, Eiswürfel, 4 cl Brandy de Jerez, 2 Kaffir-Zitronenblätter

Die Kaffeetasse im Tiefkühlfach mindestens 30 Minuten kühlen. Einen Espresso mit Himbeeren und Brombeeren in einem Cocktailshaker zerstoßen. 5 – 6 Eiswürfel, Chambord, Zuckersirup und den Brandy zugeben, kräftig shaken und durch ein Teesieb in die eiskalte Tasse seihen. Wenn das Sieb beim Ausgießen verstopft, mit einem Löffel etwas nachhelfen.

Die beiden Kaffir-Zitronenblätter über der Tasse zerdrehen und als Garnitur auf den Drink geben. Mit Untertasse und Kaffeelöffel eiskalt servieren.

»Zuckersirup
können Sie leicht
selber herstellen,
indem Sie
Zucker und Wasser
zu gleichen Teilen mischen
und einmal aufkochen.«

ESPRESSO FRUIT CUP

PASTESSO

Dem Milchschaum auf der Spur

DEM MILCHSCHAUM AUF DER SPUR

Vor langer Zeit kochte ich im damals besten Restaurant Italiens. Im Hinterhof befand sich eine Kaffeerösterei. Trotz der manchmal auch beißenden Gerüche bin ich seither jeden Morgen auf der Suche nach dem perfekten Cappuccino – und werde grün vor Neid, wenn manche Barista-Meister immer noch den besseren Milchschaum machen.

Soll die Milch fett sein oder fettarm? Pasteurisiert, homogenisiert, ultrahocherhitzt oder frisch aus dem Euter? Ich bat Andrea Illy, den Chef der berühmten Kaffeerösterei aus Triest, um Rat. Also: Fettgehalt und Konservierungsart haben keinerlei Einfluss auf den Schaum. Da der Milchschaum aber gut schmecken soll, eignet sich frische Vollmilch am besten. Entscheidend ist die richtige Temperatur beim Schäumen: Bei etwa 37 Grad könnte die Milch am meisten Luft aufnehmen. Doch Kaffee ist ein Heißgetränk, deshalb wird der Schaum stärker erhitzt – er darf jedoch nicht heißer werden als 60 – 65 Grad, sonst gerinnen viele Eiweißmoleküle, die dann keine Luftbläschen mehr festhalten können.

Verwenden Sie am besten eiskalte Milch, dann haben Sie mehr Zeit, Luft in die Milch zu bringen, bevor sie zu heiß wird. Sie können Luft in die Milch blasen oder schlagen. Wenn Sie eine Kaffeemaschine mit Dampfdüse verwenden, wird das Ergebnis desto besser, je stärker die Heizung ist, die den Dampf erzeugt. Bei zu schwacher Heizung gerät mit dem Dampf zu viel Wasser in die Milch.

Es gibt auch einige mechanische Geräte, die gut funktionieren: Das einfachste ist ein großer Schneebesen mit vielen Drähten. Mechanische Methoden haben zwei Vorteile: Erstens kommt kein Wasser in die Milch. Zweitens können Sie erst die Milch auf die gewünschte Temperatur bringen und dann aufschäumen, ohne dass sie sich dabei weiter erhitzt.

Stilvoll ist natürlich die klassische Methode: Schütten Sie so viel Milch, wie Sie für Ihren Cappuccino brauchen, in ein die Wärme gut leitendes Gefäß, das sich nach oben hin etwas verjüngt – also in ein Milchschaum-Kännchen aus Edelstahl. Schäumen Sie (mit der Düse) zuerst fast an der Oberfläche der Milch, bis sich etwas Schaum gebildet hat. Lassen Sie dabei das Milchkännchen langsam kreisen, damit die Milch in der Nähe der Düse nicht zu heiß wird. Senken Sie nun die Düse bis ein, zwei Zentimeter über den Boden, sodass sie die Innenwand des Milchkännchens berührt. Halten Sie dabei sowohl Gefäß als auch Düse leicht schräg, damit sich ein Wirbel in der Milch bildet, der Luft und Hitze gleichmäßig verteilt. Legen Sie währenddessen einen Finger an das Milchkännchen, damit Sie die Temperatur fühlen. Sobald der Schaum schön cremig wird und 65 Grad erreicht – Ihrem Finger also zu heiß wird –, drehen Sie den Dampf ab und klopfen das Kännchen sanft dreimal auf den Tisch, damit allzu große Luftblasen zerplatzen – und Sie den Tag über Glück haben.

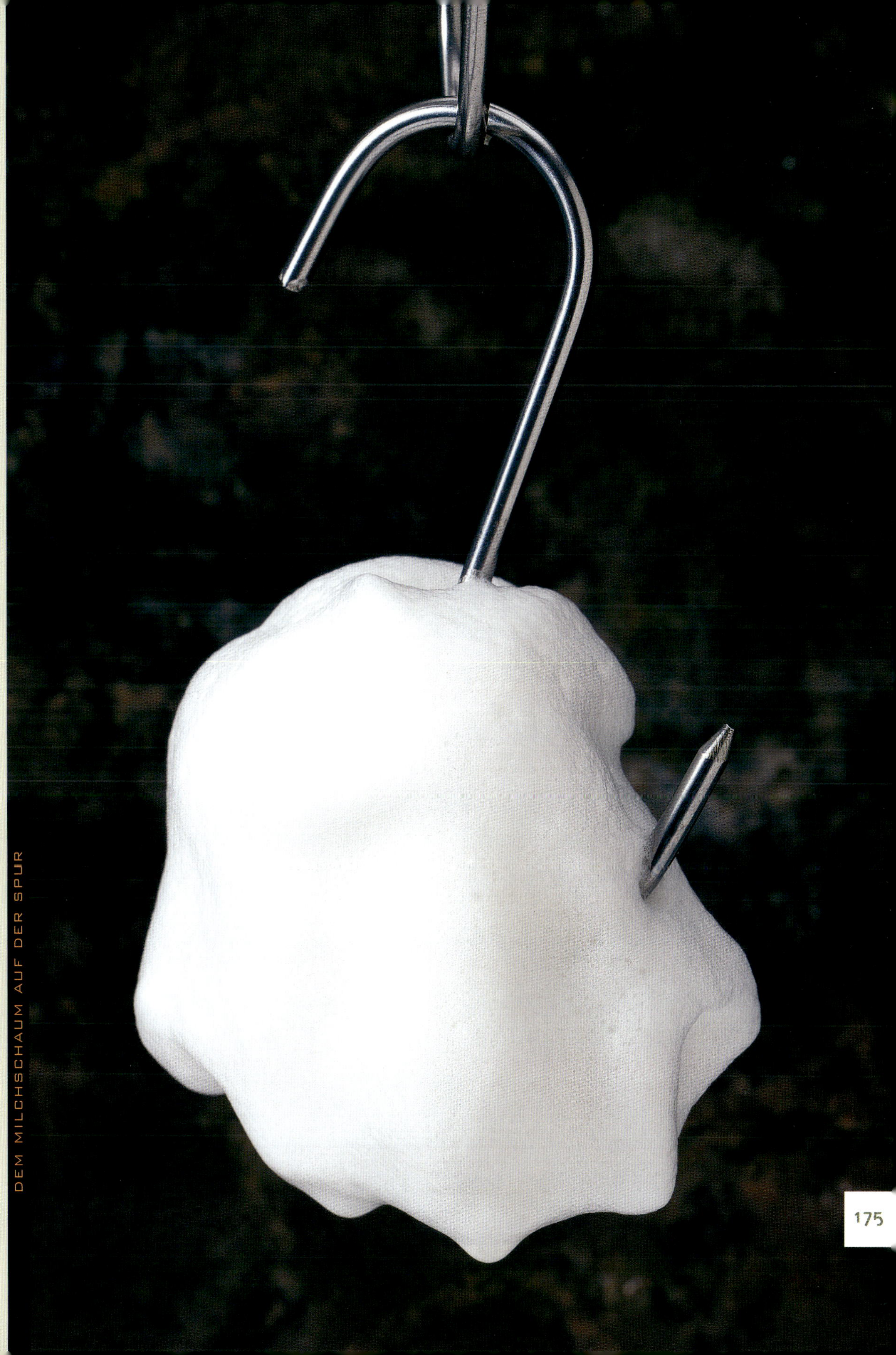

Sonne in Flaschen

In meiner durch Abenteuerromane geprägten Fantasie ist die große Geschichte des englischen Kolonialreiches immer auch mit massivem Alkoholmissbrauch verbunden. Wurde nicht zum Beispiel der Gin Tonic angeblich im Kampf gegen die Malaria erfunden? Ein genauso schönes, aber weniger bekanntes Beispiel sind Cordials. »Cordial« ist das englische Wort für »freundlich«, »herzlich«, »warm«, aber auch für »belebend«, Substantiv: »Stärkungsmittel«. »Cor« ist das lateinische Wort für Herz. In der Welt von Küche und Bar sind Cordials entweder Liköre oder etwas altmodische Drinks aus verdünnten Fruchtsirupen.

Am einfachsten ist ein Lemon Cordial: Für den Sirup 2 Teile Zucker mit 1 Teil Zitronensaft und der dünn abgeschälten Schale einer Zitrone aufkochen, abkühlen, noch einmal dieselbe Menge frischen Zitronensaft unterrühren und in Flaschen füllen. Der Sirup hält Monate in einem kühlen Keller; sobald Sie die Flasche öffnen, in den Kühlschrank stellen. Für den Drink Minzeblätter mit etwas Sirup in einem Glas zerdrücken, Eiswürfel zugeben und mit Mineralwasser oder einer Mischung aus Gin, Wodka oder Rum und Mineralwasser aufgießen – und auf der Veranda eines tropischen Holzhauses servieren.

SONNE IN FLASCHEN

Warum überhaupt einen Sirup kochen? In manchen Fällen entfaltet sich das Aroma einer Frucht oder eines Gewürzes besonders gut in Verbindung mit dem Zuckersirup. Meistens geht es darum, den Geschmack aus einer kurzen Saison für das ganze Jahr verfügbar zu machen. Die besten Zitronen gibt es im Winter, Himbeeren können Sie im Sommer ernten, und Holunder blüht nur wenige Wochen lang im Frühjahr. Im Sirup hält sich das Aroma der Früchte, Kräuter und Blüten fast unbegrenzt mithilfe von Zucker und Fruchtsäuren: Kleine Mengen an Zucker fördern das Wachstum vieler Mikroorganismen. Manchmal ist das erwünscht, wenn zum Beispiel Hefepilze den Kuchenteig luftig und locker machen. Alles was wir einkochen, soll jedoch nicht luftig und locker sein, sondern sich auch bei längerer Lagerung möglichst wenig verändern. Durch größere Zuckermengen wird Flüssigkeit gebunden, die Mikroorganismen »verdursten«.

Normalerweise sollten Sie Sirup kochend heiß in Flaschen füllen und diese sofort luftdicht verschließen, mit Schnappverschluss und Gummiring oder mit Korken und Wachs oder Siegellack. Sirupe, die sehr viel Fruchtsäuren enthalten – wie Zitronensirup – können Sie ausnahmsweise auch kalt abfüllen, denn die Säure hilft zusätzlich dabei, unerwünschte Keime zu töten. So bleibt der Fruchtgeschmack am besten erhalten, wenn auch nicht ganz so lange wie bei gekochten Sirupen.

SONNE IN FLASCHEN

Holunderblüten-Sirup

Vielleicht haben Sie dieses Rezept von mir schon einmal an anderer Stelle gelesen – ich gebe zu, es treibt mich eine Art missionarischer Ehrgeiz, weil ich den Geschmack des Sirups so sehr liebe. Und den Geschmack des Holdirinha, meines Lieblings-Sommerdrinks: 2 Zitronenachtel in einem großen Glas mit 3 EL Holunderblütensirup und 1 Minzezweig zerdrücken. Das Glas mit (zerstoßenem) Eis füllen, einmal umrühren und mit Weißwein oder Mineralwasser aufgießen.

Für 1 l Sirup: 3 Bio-Zitronen,
10 – 12 Holunderblütendolden,
600 ml Weißwein, 600 g Zucker

Zitronen waschen und in dünne Scheiben schneiden. Die Holunderblütendolden in eine Schüssel legen, mit den Zitronenscheiben belegen, die Zitronenscheiben leicht drücken, damit etwas Saft herausläuft. Mit Weißwein begießen und zugedeckt an einem kühlen, dunklen Platz 2 Tage ziehen lassen.

Den aromatisierten Wein durch ein Sieb in einen Topf gießen und mit dem Zucker einmal kräftig durchkochen. In heiß ausgespülte – noch besser: ausgekochte – Flaschen füllen und verschließen. Damit die heiße Flüssigkeit nicht das Glas zerspringen lässt: Den Sirup 2 cm hoch einfüllen, einmal durchschwenken und dann erst ganz auffüllen.

Das Aroma liegt im Blütenstaub: Die Holunderblüten sollen gerade eben aufgeblüht sein, sodass sich schon genügend Blütenstaub gebildet hat, er aber noch nicht davongeweht wurde.

HOLUNDERBLÜTEN-SIRUP

Verbenen-Sirup

Ein besonders frischer Sirup – falls Sie keine Zitronenverbene finden, können Sie genauso gut Melisse verwenden. Der Sirup eignet sich für Drinks und Limo, ein Teelöffel davon gibt mancher Salatsauce den letzten Schliff.

Für 1 l Sirup: 500 ml frisch gepresster Saft von rosa Grapefruits, 150 ml Zitronensaft (400 – 500 g Zitronen), ½ Zimtstange, 500 g Zucker, 10 Zweige Zitronenverbene (Alternative: Melisse)

Fruchtsäfte mit Zucker und Zimt in einem Topf mischen, aufkochen. Die Verbene zugeben und 5 Minuten ziehen lassen. Den heißen Sirup durch ein Sieb gießen, in heiß ausgespülte – noch besser: ausgekochte – Flaschen füllen und verschließen.

HIMBEERSIRUP MIT WAFFELN

Himbeersirup mit Waffeln

Für die besten Waffeln 250 g weiche Butter, 250 g Zucker, 250 g Mehl, 6 Eier und 250 g Quark mit dem Handrührgerät zu einem glatten Teig verrühren. Im Waffeleisen backen.

Für 1 l Sirup: 400 g rote Johannisbeeren, 800 g Himbeeren (frisch oder TK), 300 g Zucker, 1 Pck. Vanillezucker

Die Johannisbeeren waschen, gut abtropfen lassen und von den Rispen zupfen. Mit den Himbeeren und 250 ml Wasser in einen Topf geben, zugedeckt aufkochen, dann den Deckel abnehmen. 15 Minuten kochen, bis alle Beeren aufgeplatzt sind.

Ein großes Nudelsieb mit einem feuchten Passiertuch oder einem feuchten Küchentuch auslegen, auf einen großen Topf stellen und Saft und Beeren hineingießen. Langsam ablaufen lassen, am besten über Nacht.

Den Fruchtsaft (ca. 700 ml) zusammen mit Zucker und Vanillezucker noch einmal kräftig durchkochen, evtl. mit Himbeergeist abschmecken. Sofort in heiß ausgespülte – noch besser: ausgekochte – Flaschen füllen und verschließen.

»Himbeersirup spielt vor allem
in Kindheitserinnerungen
und Kinderbüchern
eine Rolle.

Ich mag ihn am liebsten
mit Waffeln
und geschlagener Sahne.«

Muss es moussieren?

Silvester. Als Foodstylist musste ich einmal sieben verschiedene Jahrgangs-Rosé-Champagner gleichzeitig in sieben Gläser gießen, damit der Fotograf ein romantisches Bild knipsen konnte. Ich tropfte geheime Flüssigkeiten in die Gläser, streute Pülverchen in die Flaschen und war sehr stolz darauf, dass alle sieben Gläser mehrere Minuten lang schäumten, als wären sie gerade eben frisch eingeschenkt. Das Donnerwetter war gewaltig, Champagner für tausende von Euro umsonst geöffnet, und ich hatte mich ein für alle Mal als Reihenhauskind geoutet, denn Champagner schäumt nicht, er perlt. Je edler, desto feiner. Und die Perlen auf dem Champagner heißen Mousseux.

Wie kommen die Perlen in den Wein? Bei der traditionellen Flaschengärung werden dem Grundwein in der Sektflasche Hefe und Zucker zugefügt. Aus dem Zucker entstehen Alkohol und Kohlenstoffdioxid (CO_2), volkstümlich Kohlensäure. Je niedriger die Gärtemperatur und je länger die Reifezeit auf der Hefe, desto besser löst sich das Gas im Wein. Der Druck in der Flasche erreicht bis zu 6 Bar – in Autoreifen sind es gerade mal 2 Bar. Sobald Sie die Flasche öffnen, drängt das Gas nach draußen. Die Oberflächenspannung des Sekts ist aber so hoch, dass die kleinen CO_2-Moleküle nicht genug Kraft haben, um den Sekt beiseite zu schieben und einen Hohlraum – eine Miniblase – zu formen. Dafür braucht das Gas vorhandene Mikrobläschen, in die es hineinwandern kann, bis die Blase groß genug ist, um aufzusteigen. Wenn eine Blase aufsteigt, bleibt ein kleiner Rest, der sich dann wieder dehnt, bis die neue Blase aufsteigt – so entstehen »Perlenfäden« im Sekt. Fein klein bleiben die Perlen, wenn der Grundwein einen hohen Extrakt- und Aromastoffgehalt hat.

Was soll nun das Mousseux im Sekt? CO_2 aus Sprudel-Getränken wird im Magen aufgenommen und löst sich im Blut. Das senkt die »Viskosität« des Blutes, es wird also dünner und fließt leichter – vor allem die feinen Äderchen unter der Haut werden besser durchblutet. Alkohol erweitert die Blutgefäße und unterstützt damit ebenfalls die Durchblutung. Zusätzlich interpretiert unser Körper einen hohen CO_2-Gehalt im Blut als Sauerstoffmangel und verstärkt deshalb die Atmung. Ein Gläschen Sekt wirkt also wirklich erfrischend – moderne Wellness-Oasen nutzen den Effekt mit Kohlensäurebädern.

Geschmeckt haben die roséfarbenen Champagner unserer französischen Nachbarn natürlich hervorragend. Aber auch deutsche Rieslinge und Rieslingsekte (siehe S. 185) gehören zu den besten Weinen der Welt.

MUSS ES MOUSSIEREN?

Adressen

www.messer-machen.de
Gute Informationen zum Thema Messer schärfen.

www.bosfood.de
Feinkost für die Gastronomie, liefert auch an Endverbraucher.

Patrick Muff
Nymphenburgerstr. 40
80335 München
Tel.: 089 / 1 23 70 40

Für uns entwarf er Spekulatius-Model. Bekannt ist er als Künstler, der schweren Schmuck in archaischen Formen gießt und gestaltet.

Antica Riseria Ferron
37063 Isola della Scala (Verona)
Via Saccovener 9
Tel.: 00 39 - 0 45 / 7 30 10 22
www.risoferron.com

Sehr guter Risottoreis.

Marie Liprandi
06660 St. Dalmas Le Selvage (Alpes maritimes, bei St. Etienne de Tinee, 1 Std. nördlich von Nizza)
Tel.: 00 33 - 04 / 93 02 43 51

Frau Liprandi macht die besten Gnocchi, die ich kenne, leider betreibt sie kein Restaurant. Aber ihre Gelees und Konfitüren können Sie käuflich erwerben.

Restaurant Bröding
Schulstr. 9
80634 München
Tel.: 0 89 / 16 42 38
www.broeding.de

Manuel Reheis kocht im Restaurant Bröding in München, das er mit Partner Gottfried Wallisch auch betreibt. Neben dem sehr guten Restaurant handeln die beiden mit österreichischen Weinen.

Restaurant Schöneck
Schloss-Schöneck-Str. 11
Mühlen bei Pfalzen
I-39030 Kiens (BZ)
Tel.: 00 39 - 04 74 / 56 55 50
Fax: 00 39 - 04 74 / 56 41 67
www.schoeneck.it

Karl und Siegfried Baumgartner servieren nicht nur eine wunderbare Kräuter-Crème-brulée! Der dritte Bruder, Hans Baumgartner, wurde vom Sterne-Koch zum Käseaffineur und beliefert mit seiner Firma (www.degust.com) die wichtigsten Restaurants in Südtirol und einige gute Käsehändler und Restaurants in Süddeutschland.

Salz
Neue Schönhauser Str. 20
10178 Berlin
Tel.: 030 / 69 51 93 91
www.salzbar.com
www.mixologymag.com

Helmut Adam betreibt mit Jens Hasenbein die ausgezeichnete Bar »Salz« in Berlin. Gleichzeitig ist er Herausgeber der Zeitschrift »Mixology-Magazin für Barkultur«.

Boulangerie Daniel Dumas
le Roux à Saint-Maurice-en-Valgaudemar
Tel.: 00 33 - 04 / 92 55 23 69

Herr Dumas bäckt seine »Tourte de Valgaudemar« in einem wunderschönen Tal im französischen »Parc national des Ecrins«.

Schloss Vaux – Sekt Manufaktur
Kiedricherstr. 18 a
65343 Eltville
Tel.: 0 61 23 / 6 20 60
Fax: 0 61 23 / 6 33 39
www.schloss-vaux.de

Schloss Vaux versektet die Weine verschiedener Winzer zu hervorragenden Lagensekten und Cuvées.

Wein- und Sektgut Barth
Bergweg 20
65347 Hattenheim
Tel.: 0 67 23 / 25 14
Fax: 0 67 23 / 43 75
www.weingut-barth.de

Ebenfalls ein Spezialist für hochwertigen Rieslingsekt, Barth stellt aber auch andere Weine her.

Danke

Vor allem danke ich meiner Frau, Susanna Bingemer, die eine viel bessere Texterin ist als ich. Mit viel Geduld hat sie mir in den vergangenen 10 Jahren beigebracht, zusammenhängende Sätze zu schreiben. Meine Mutter Ulla Gerlach, die bis vor kurzem Lehrerin für Chemie und Biologie war, ist immer die Erste, die ich um Rat frage – auch wenn ich manchmal noch gar nicht genau weiß, was ich eigentlich fragen will. Und natürlich danke ich allen Menschen, die mir jede Woche die kompliziertesten Zusammenhänge erklären – besonders oft war das bisher Ingolf Krause, Lebensmittelchemiker an der TU München-Weihenstephan.

Besonders danke ich Jan Weiler, der nicht nur das Vorwort geschrieben hat, sondern auch zusammen mit Dominik Wichmann die Kolumne im Magazin der Süddeutschen Zeitung erfunden hat, ohne die es dieses Buch nicht gäbe.

Kleine Bibliographie

Adria, Ferran:
»El Bulli 1998 – 2002«
Stuttgart 2003

Barham, Dr. Peter:
»Die letzten Geheimnisse der Kochkunst«
Berlin/Heidelberg 2001

Belitz, Prof. Dr. Hans-Dieter
und Grosch, Prof Dr. Werner:
»Food chemistry«
Berlin/Heidelberg 1987 und 1999

Bingemer, Susanna
und Gerlach, Hans:
»Vietnam – Küche und Kultur«
München 2004

Coria, Giuseppe:
»Profumi di Sicilia«
Catania 1981

Davidson, Allen
und Saberi, Helen (Hrsg.):
»The wilder shores of Gastronomy«
Berkeley 2002

Doose, Otto:
»Rustikale Sauerteigbrote«
Stuttgart 1985

Gerlach, Hans:
»Einmachen«
München 2005

Illy, Ricardo:
»Von der Bohne zum Espresso«
München 1994

Karmasin, Dr. Helene:
»Die geheime Botschaft unserer Speisen«
München 1999

Katz, Sandor Ellix:
»Wild fermentation«
White River Junction (Vermont, USA) 2003

Marchesi, Gualtiero:
»La cucina regionale italiana«
Mailand 1989

Mc Gee, Harold:
»On food and cooking«
New York 1984

Müller, Bernhard:
»Das Fasten der Mönche«
München 2003

Neubauer, Christine:
»Die Vollweib-Diät«
München 2001

Schuhmacher, Karl:
»Wiener Süßspeisen«
Linz 2002

Schwedt, Georg:
»Taschenatlas der Lebensmittelchemie«
Stuttgart 1999

Ternes, Prof. Dr. Waldemar
und Täufel, Dr. Alfred,
Tunger, Dr. Liselotte,
Zobel, Prof. Dr. Martin:
»Lebensmittel-Lexikon«
Hamburg 2005

This-Benckhard, Hervé:
»Rätsel der Kochkunst«
Heidelberg 1996

Visser, Margaret:
»Mahlzeit«
Frankfurt a. M. 1998

Walterspiel, Alfred:
»Meine Kunst in Küche und Restaurant«
München 1981

Register

Rezepte von A bis Z

Rund um die Rezepte von A bis Z

Die Ratschläge in diesem Buch wurden vom Autor und vom Verlag sorgfältig erwogen und geprüft, dennoch kann eine Garantie nicht übernommen werden. Eine Haftung des Autors bzw. des Verlags und seiner Beauftragten für Personen-, Sach- und Vermögensschäden ist ausgeschlossen.

Umwelthinweis: Dieses Buch und der Einband wurden auf chlorfrei gebleichtem Papier gedruckt. Die Einschrumpffolie (zum Schutz vor Verschmutzung) ist aus umweltfreundlicher und recyclingfähiger PE-Folie.

1. Auflage

Redaktion: Annette Baldszuhn
Gestaltung: Thomas Dreher
Fotos: Barbara Bonisolli
Foodstyling: Hans Gerlach, Alexander Kühn
Versuchsküche: Alexander Kühn
Umschlaggestaltung: Thomas Dreher
Reproduktionen: Lorenz & Zeller, Inning a. A.
Druck und Bindung: Mohn Media GmbH, Gütersloh
Printed in Germany
ISBN10: 3-442-39097-4
ISBN13: 978-3-442-39097-7

www.goldmann-verlag.de